D1661598

Gut schläft sich's am besten

Gut schläft sich's am besten

30 Kapitel über Betten und
Schlaf für Menschen, die gern
hellwach leben.

Von Alfred Eisenschink
mit Karikaturen
von Ernst Hürlimann
und Illustrationen
von Ulrich Langhagel

RESCH-VERLAG

© 1985 Technischer Verlag Resch KG
8032 Gräfelfing/München,
Irminfriedstraße 20–22
Alle Rechte vorbehalten
Printed in Germany
ISBN 3-87806-078-5

Der Deutsche will heiß essen
und kalt schlafen. Das Gegenteil
hält er jeweils für ungesund.
Daß er sich dabei nicht auf ge-
sicherte Erfahrungen, noch weniger auf tatsächliche, körperliche Bedürfnisse, sondern lediglich auf fragwürdige Gewohnheiten stützen kann, will er sich um
keinen Preis eingestehen.

Im Gegenteil, lieber verbrüht er sich mit einer viel zu heißen Suppe Zunge und Gaumen oder ruiniert sich mit einem hastig verschlungenen Braten den Magen, als daß er mit menschenwürdiger Gelassenheit und bei mundgerechter Temperatur der Speisen sich darauf einließe, den Künsten des Koches nachzuschmecken.

Im winterkalten Schlafzimmer beharrt er eigensinnig auf seinem Standpunkt, quält sich mit falsch zusammengestelltem Bettzeug und schwindelt sich mit elektrisch beheizten Decken, Rheuma-Unterbetten und nicht selten auch noch mit Alkohol und Tabletten am Eingeständnis eigenen Fehlverhaltens vorbei. – Typisch deutsch? – Typisch vielleicht, deutsch mitnichten – allenfalls menschlich!

Es würde mir großes Vergnügen bereiten, gerade darüber in Einzelheiten zu gehen und die historischen Fakten darzulegen, wie sich menschliche Behausungen im Klima nördlicher Breiten, unter dem Einfluß von Weltanschauungen und Moden sowie vielerlei anderen Zwängen entwickelt haben. Zu gern würde ich daraus ableiten, wieso am Ende der Entwicklung zwangsläufig der Status quo des kalten Schlafzimmers stehen mußte. Aber damit würde ich der Absicht dieser Schrift, eine Änderung des derzeit üblichen Verhaltens zu erleichtern, kaum gerecht werden. Schließlich geht es nicht darum, mein Verständnis für gewohnheitsmäßigen Unverstand zu belegen, sondern Erfahrungen, eigene und anderer, einem größeren Kreis nutzbar zu machen. **Dies war die Vorrede.**

Über die Nachteile eines zu hastig verschlungenen heißen Schweinsbratens und über die Vorteile kalter, womöglich roher Kost zu schreiben, sei Berufeneren vorbehalten. Ich möchte mich auf praktische Ratschläge beschränken, mit denen die äußeren Bedingungen im Bereich des Schlafzimmers für einen gesunden Schlaf verbessert werden können.

Die Grundlage dazu bilden Erfahrungen, die ich als Heizungsingenieur, der sich täglich mit dem Problem des richtigen Heizens und der gesunden Wärme zu befassen hat, in einer langjährigen Praxis sammeln mußte. Nicht zu vermeiden sind Überschneidungen mit den Erkenntnissen der Physiologie, der Architektur, der Psychologie, der Radiästhesie und anderen Gebieten. Diese Ankündigung soll jedoch keinesfalls anmaßende Übergriffe vermuten lassen. Aber ich komme nicht umhin, immer wieder Zusammenhänge aufzuzeigen, um den vielschichtigen Wirkungsmechanismus mit allen Verknüpfungen verständlich zu machen.

Eingeschobene, scheinbar nebensächliche Erfahrungsberichte sollen einerseits Fragen nach den Quellen vorwegnehmen, andererseits ähnliche Erlebnisse ins Gedächtnis des Lesers rufen und ihn von der Wichtigkeit seines eigenen Urteils überzeugen.

Soviel als Einleitung.

Kurz vor meinem zweiten Geburtstag teilten mir meine Eltern in der damals neuen Wohnung ein ungeheiztes Schlafkämmerlein zu. Die Quastenschnur am Lichtschalter an der Wand hing anfangs ins hölzerne Paidi-Bett, später in eine Art drahtvergitterten Tierkäfig und zuletzt in ein Bettgestell aus rundgebogenem, weiß lackiertem Eisenrohr. In den Kriegszeiten der Vierzigerjahre habe ich bei offenem, weil zerbombtem Fenster Temperaturen unter minus 15 Grad gemessen. Anläßlich kalorienreicher Weihnachtsferien erlebte ich 1946 in einem Holledauer Bauernhaus bei minus 25 Grad in der Schlafkammer Reif, nicht nur an den Wänden, sondern auch an der Bettdecke im Nasenbereich. Als Student malte ich die Linien meiner besten Zeichnungen in der kalten Studierstube bei minus 5 Grad, weil ich die Stille der Wärme vorzog.

20 Jahre später konstruierte ich die Klimaluke (1) und zeigte damit eine Möglichkeit, wie man in einem tagsüber voll geheizten Schlafzimmer nachts nahezu bei Außentemperatur schlafen kann.

Nach acht Jahren war ich den alltäglichen Tiefkühlschlaf mit der Klimaluke leid. Erstens konnte ich meine vermeintlichen gesundheitlichen Vorteile gegen die mittlerweile schon chronischen Erkältungen meiner Frau nicht länger verantworten, zweitens war mir meine suchtähnliche Abhängigkeit von dieser nächtlichen Kälte bereits zuwider: beruflich viel auf Reisen, verbrachte ich in geheizten Hotelzimmern schlaflose Nächte. **Das kalte Schlafzimmer ist eine dumme Gewohnheit.**

Bis in die dreißiger Jahre stattete man die ohnehin wenigen zentralbeheizten Wohnungen noch sehr bescheiden aus. Küchen blieben unbeheizt, meistens auch die Bäder, weil dort Kohle-Badeöfen an den Badetagen (!) die dampfgefüllten Kammern wärmten. In den Schlafzimmern hingen zwar hinter den Türen schmalbrüstige Radiatoren, ihre Hähne waren jedoch im Regelfall auf Stellung ‚KALT‘ verkrustet.

Als Spezialist für Altbauheizungen konnte ich noch im Jahre 1972 einen ansonsten liebenswürdigen Kunden nur mit dem Zugeständnis einer ‚im Bedarfsfall kostenlosen Demontage‘ dazu überreden, im Schlafzimmer eine Heizleiste einbauen zu lassen. 60 Jahre lang hatte er ‚kalt‘ geschlafen. Nach dem ersten Winter habe ich ihn besucht, und bei einem Glas feurigen Rotweins hat er mir freudestrahlend berichtet, das Schönste an der neuen Heizung sei das warme Schlafzimmer. Die elektrischen Heizdecken hätte der Nachbar für DM 200,– über-

nommen. Die zusätzlichen Wolldecken verwahre die Schwiegermutter für schlimme Zeiten, und allabendlich könne man jetzt im gemütlich warmen Wohnzimmer vor dem Fernseher sitzen, ohne offene Schlafzimmertür, durch die dieser Kühlraum ehedem immer ‚überschlagen‘ werden mußte.
Wir sollten öfter über Gewohnheiten nachdenken!

Ende der siebziger Jahre begegnete ich einem bekannten Arzt, der damals längst seinen Ordinationsraum zum Schreibzimmer gemacht hatte. Die Neuauflagen seines Buches über das sogenannte wohngesunde Haus erwiesen sich lohnender als die Beschäftigung mit den Wehwehchen seiner Patienten.

11

In einer gemeinsamen Fernseh-Diskussion konnte ich Jahre danach seine Ansichten über das ‚gesunde Bett' heiztechnisch kommentieren. 10.000,– Mark oder mehr würde ein solches wohl kosten, so meinte er, weil das Gestell und der Liegerost aus Holz, die Auflagen aus Roßhaar, die Bezüge aus reinem Leinen oder edler Seide und die Decken aus Schurwolle sein müßten. Der Preis, sagte er, sei angemessen, weil das Bett über einen der wichtigsten Lebensbereiche entscheiden würde. Das gesunde Bett sei weitaus wichtiger als ein Auto und dürfe deshalb auch teurer kommen.

500 km weit war er an jenem Tag mit einem schnellen Auto zum Fernsehstudio gefahren. Dies hat mich weniger beeindruckt als das mitgebrachte Bett. Zusammengerollt und auf den Koffer geschnallt, trug er es ins Hotelzimmer. Weil ich keine Zeit versäumen wollte, füllte ich bereits auf der Heimfahrt im Zug einen Bestellschein aus für neue Matratzen, Einlegeroste und Schafwolldecken. Adressat

war ein Bioladen. Bis die Pakete ankamen, hatte ich in einem nordischen Kaufhaus auch ein Kiefernbett erstanden; es war billig und, gegen des Doktors Rat, lackiert.

Mit knapp 2.500,– Mark lagen meine Ausgaben weit unter seiner Schätzung, und ich war stolz darauf. Ich wußte noch nicht, daß ich vergleichsweise einen fahrenden Oldtimer 6 Monate vor der nächstfälligen TÜV-Prüfung erworben hatte! Vier nachfolgende Änderungskäufe erwiesen sich als notwendig, ehe ich den Endzustand meines derzeitigen Nachtlagers erreichte. Was soll's:
Ohne gesunden Schlaf geht das wache Leben daneben.

Bevor wir der Frage nachgehen, wie das richtige Bett gestaltet sein soll, ist einiges zum Standort zu sagen. Nicht zuletzt, weil dieses Thema von Geo- und Baubiologen als das wichtigste dargestellt wird. Beide, die rutenfühligen Geobiologen und die neueren Baubiologen, berufen sich auf Strahlungen der Erde, die den gewerbsmäßigen Ratgebern ein gutes Auskommen, allen anderen aber ein sicheres Umkommen bescheren. Seit Jahren berichtet die Illustrierten-Presse darüber. Jeder weiß Bescheid! – Jeder?

Als 18jähriger hatte ich auf dem Brauneck, einem Berg bei Lenggries, einem Rutengänger zugesehen, wie er für eine Bergwachthütte eine anzapfbare Wasserader suchte. Kaum war er weg, schnitt ich eine ähnliche Astgabel zur Rute, wie sie er verwendet hatte und . . . fand die Wasserader auch. Auf hunderte kam ich in den Tagen danach. Nach den Ferien hatte ich den Spuk schnell wieder vergessen.
1978, gut 30 Jahre später,

brachte mich meine Arbeit in Kontakt mit Wünschelrutengängern in Eberbach. Da wurde von geopathogenen Zonen geredet, also von Störzonen der Erdstrahlung, die von Wasseradern oder von Gesteins-Verwerfungen ausgelöst und durch Schnittpunkte mit den Kreuzungsstellen eines sogenannten Global-Gitternetzes auch noch in ihrer Wirkung verstärkt werden. Die Experten hantierten mit Wünschelruten und siderischen Pendeln, daß ein unbefangener Mensch erschaudern mußte.

Einige Zeit danach traf ich Robert Endrös (2) und erinnerte mich im Gespräch mit ihm wieder meiner eigenen Fühligkeit. Unter seiner Ingenieuranleitung lernte ich Ruten und Pendel zu gebrauchen. Ich las die einschlägige Bücher (3,4) und steigerte meine Sensibilität so weit, daß ich sogar ohne den Gebrauch dieser Hilfsgeräte alle möglichen Störzonen aufspüren konnte. Wasseradern trieben mir Tränen in die Augen. Die Feldlinien eines Transformator-Häuschens zum Beispiel, konnte ich zentimetergenau auf den Asphalt zeichnen. In manchen Gaststätten fand ich nur ein oder zwei Stühle, auf denen ich ,ungestört' sitzen konnte, und auf einem Kongreß in Frankfurt mußte ich das Rednerpult verschieben, weil ich außerstande gewesen wäre, mein Referat auf einer ,Störzone' stehend zu halten.

Im Eifer der neu entdeckten Fähigkeiten habe auch ich anderer Leute Betten umgestellt. Das Söhnchen eines Freundes lag jede Nacht zusammengekauert und schwitzend in einer Ecke seines Bettchens. Jede Gelegenheit nützte der kleine Wicht, um auszureißen und in die Betten der Eltern zu kriechen. Nachdem wir sein Bettchen quer in die Mitte des Zimmers gestellt hatten, schlief er ruhig und ohne Schweißausbrüche. Daß er immer noch ins Schlafzimmer der Eltern schlurft, mag andere Gründe haben.

Unsere Vorfahren stellten bis vor ca. 200 Jahren ihre Häuser nie ,auf Wasser'. Die alten Bauernhäuser meiner bayerischen Heimat standen immer nahe daran. In die Wasseradern wurden die Brunnen geschlagen. Ob die Alten die Gefahren der Störzonen kannten und sie daher fürchteten oder ob sie nur uralten mystischen Überlieferungen folgten, wissen wir nicht mit Sicherheit.

Wir bauen heutzutage unsere Häuser nicht mehr nach den Gesichtspunkten der Alten in die Landschaft, sondern entlang den Straßenzügen. Die Lage bestimmt den Preis und dieser wiederum die erschwingliche Größe des Grundstückes. Baulinien und Bauordnungen erzwingen den genauen Standort des Hauses, äußere und innere Umstände, die Lage der Schlafräume und die ungeschriebene Norm der Einrichtung – Schrank, Tisch, Bett – die Stelle des Schlafplatzes für jeden der Bewohner. Wer hat da noch die Chance, auf Erdstrahlen zu achten? Und dennoch kümmern sich nicht wenige darum – aus Angst vor Krebs. Denn immer noch, ja sogar immer dringender warnen die Geobiologen und die Baubiologen vor der Unabwendbarkeit dieser Krankheit für jeden, der auf den geopathogenen Zonen schlafe. Die „Bibel" dieser Branche scheint mit dem Satz zu beginnen: „Im Anfang war die Angst...". Wäre ich Rutengänger, hinge ich die Rute ob dieser traurigen Basis der eigenen Arbeit an den Nagel. Es ist mir von Grund auf zuwider, wenn Leute mit der Angst Geschäfte machen.

Zu meinen Reise-Utensilien gehörte bis vor 5 Jahren ein Interferenz-Sender, von Endrös gebastelt, der mir half, auch in gestörten Hotelbetten zu schlafen. Gelegentlich erwies sich der Sender als zu schwach, dann räumte ich die Zimmer um. Dies alles wurde mir eines Tages zuviel. Und wie ehedem die Fühligkeit, trainierte ich fortan ihre Ignoranz. Dabei hatte ich nicht weniger Erfolg.

Gewerbsmäßige Rutengänger, die ihre Fühligkeit in den bezahlten Dienst anderer stellen,

werden dies nicht gerne hören. Dennoch bleibe ich dabei, daß die Anpassungsfähigkeit des gesunden menschlichen Körpers größer ist als dessen Anfälligkeit. Darauf sollte man getrost vertrauen. Gerade im Hinblick auf die Gefahr unguter Erdstrahlen gilt:

Gelassenheit bleibt die Grundlage der Gesundheit!

Mein Großonkel war Rangiermeister bei der damaligen Reichsbahn. Seit seinem 16. Lebensjahr hatte er geraucht; anfangs ‚nur' Machorka (gehackte Tabakstiele),die ihm ältere Lokführer in Schweinsblasen für Pfennige aus dem Balkan mitbrachten. Er starb mit 82 Jahren und hinterließ mir außer drei alten Uhren fünf Päckchen der billigsten Zigarren, die er leider nicht mehr selbst geraucht hatte. Eine Schwerhörigkeit hatte ihm als Rangiermeister eine frühzeitige Pensionierung gebracht, und sein Naturell verhalf ihm zu einem geruhsamen Leben in heiterer Gelassenheit.

Gerade dieses Antikrebsmittel fehlte seiner Tochter. Einer inneren Berufung folgend, half sie als Familienpflegerin den Ärmsten im Landkreis. Mit seelenzerfetzender Hingabe linderte sie deren Nöte und durchlebte mit vielen ‚Stammkunden' immer wieder die gleichen Leiden. Mit 50 erkrankte sie an Krebs. Einem Blumenstock zuliebe hatte sie ihr Bett verschoben; genau so weit, daß der Störstreifen

– wie ich zu spät feststellte – den Genitalbereich kreuzte. Ein Jahr hatte dafür genügt. Also doch? – Sicher nicht!
Störzonen der unleugbaren Erdstrahlung stellen allenfalls Kocancerogene dar, die zur Krebsentstehung beitragen können. Kocancerogene gibt es viele, wie wir alle wissen: Das 3-4-Benzpyren aus dem Tabak gehört dazu, das Formaldehyd, Stickoxide aus den Heizungsabgasen, Nitrosamine, Radongas aus Beton und was nicht alles! Nicht zu vergessen die Folgen unausgestandener Lebensangst und zeitbedingter Streßlagen! Vermutlich wiegen die letzten am schwersten.

Wem es gelingt, sich davon freizuhalten – und dies vermag man nur aus eigener Kraft – der ist nicht nur gegen Chemikalien, sondern auch gegen Störzonen der Erdstrahlen besser gefeit als andere.

Seit 23 Jahren steht mein Bett auf dem Uferstreifen eines 7 m breiten und ca. 30 m tief gelegenen Grundwasserstromes.

Wieso ich darin allnächtlich wie ein Bär schlafe, sollen Sie noch erfahren. Ich kann und will mein Bett nicht verschieben. Wer sein Bett verschieben will, sollte es tun. Wer es nicht kann, der übe Gelassenheit. Und er wird damit einiges erreichen.

Soviel zum Thema Standplatz des Bettes.

Wieviel Muskeln Ihres Körpers halten Sie eigentlich gespannt während Sie lesen? – Spreizen Sie etwa die Zehen im Schuh nach oben, oder die Oberschenkel gegen die Tischzarge? – Wickeln Sie die Beine um die Stuhlfüße oder richten Sie das Becken auf? – Wozu halten Sie soviele Muskeln in Spannung?

Sofern das Buch auf dem Tisch liegt oder auf den überkreuzten Beinen, können Sie ebensogut entspannt sitzen. Das Gewicht einer Hand hält die Seiten offen. Kleine Bewegungen der Unterarme, der Schultern, des Beckens oder der Beine zeigen Ihnen, ob Sie alle Muskeln der ruhiggestellten Gliedmaßen auch wirklich locker lassen. Diese Entspannung sollten Sie bewußt herstellen. Wenn Sie nicht auf Anhieb dazu in der Lage sind, üben Sie! Es wird Ihnen gut tun. Nach dem Zuklappen des Buches schmerzt weder der Rücken noch der Hals. Sie stehen erfrischt auf, wie nach einem guten Schlaf.

Dieses letzte Wort zeigt, daß ich mit der Einleitung zum Kapitel ‚Bettauflagen‘ das Hauptthema nur scheinbar verlassen habe. Wir werden darauf zurückkommen.

Trotz aller Grund- und Vorsätze, mit deren Hilfe wir eigenständigen Individualismus pflegen, verfällt jeder von uns, mehr oder weniger unbewußt, immer wieder gängigen Moden. Dazu zählen nicht nur Hosen und Röcke, Bärte oder Blusen, sondern auch Bettauflagen.

Zur Aussteuer meiner Mutter gehörte ein Schlafzimmer in Eiche-Natur mit dreitürigem Kleiderschrank und Marmor-Waschtisch. Die Betten waren mit Drahtmatratzen, dreiteiligen Roßhaarauflagen, Unterbett, aufgeplusterten Plumeaus, Kopf- und Paradekissen (!) ausgestattet. Etwa 1940, ausgerechnet nach Kriegsausbruch, konnte man sich mit derlei nicht mehr ‚sehen lassen‘. Federkern-Matratzen und wurstförmig abgesteppte Daunen-Einschlagdecken verdrängten alles, von den Roßhaarauflagen bis zu den Paradekissen.

In meinem eigenen Haushalt begann ich mit Federkern auf Draht, legte alsbald den Draht mit Spanplatten lahm und ersetzte den Federkern durch Schaumstoff. Gegen zunehmende Bandscheibenbeschwerden empfahl mir der Arzt ein größeres Auto (!). Als nach dem nächstgrößeren auch das übernächstgrößere mit hydropneumatischer Federung nichts half, verlegte ich mich auf autogenes Training. Die Kunst der Entspannung (5,6) half mir, die kleinsten Wägelchen (Fiat 500) und die härtesten Flitzer (Porsche) schadlos ‚auszureiten'. Gleichermaßen war entspanntentspannender Schlaf wieder gesichert: ob im selbstgebastelten, nagelbrettgleichen Bett des Wochenendzimmers oder im angeblich ungesünderen, unterbettenbewährten Großmutterbett im Gästezimmer einer befreundeten Familie.

Zugegeben, ein selbstauferlegtes, leicht übertriebenes Arbeitspensum, das mich seinerzeit allabendlich in die Federn fallen ließ, tat ein übriges.

Mittlerweile liege ich auf einer Kokosfasermatratze. Darunter federt ein Lattenrost schwungvolle Drehungen aus. Der Rost ist quergebändert. Ziehen Sie daraus aber bitte nicht jetzt schon den Schluß, daß diese Kombination auch für Sie die bestmögliche wäre. Es gibt nämlich auch längsgebänderte Roste und Matratzen mit Roßhaar –, Kopak- oder Kuhschweifhaar-Füllungen, über die ich noch berichten werde. Erwarten Sie nicht, daß ich mir anmaße, für Sie daraus eine Wahl zu treffen. Ich möchte Ihnen nur mit meinen Erfahrungen aufzeigen, nach welchen Gesichtspunkten Sie entscheiden können.

Zu Verkrampfung neigende Menschen finden auch im Super-Wasser-Bett keine Entspannung. Entspannungskünstler dagegen schlafen auf handdicker Birkenreiserlage, die auf ebener Erde liegt, ja sogar auf zeitungsbelegten Anlagebänken himmlisch.

Wie man sich gebettet glaubt, so schläft man!

Zwischendurch muß ich meine Leser bitten, scheinbare Abschweifungen zu entschuldigen. Würde ich indessen das Hauptthema dieser Kapitel allzu geradlinig abhandeln, bestünde die Gefahr, daß Sie mir vorzeitig einschlafen. Das muß ich vermeiden. Deshalb lesen Sie nun etwas über Neugier.

Aus psychologischen Schriften ist Ihnen vielleicht die menschliche Neigung bekannt, Negatives auf Mitmenschen zu projizieren. Aus derlei Motiven sagen Männer der Weiblichkeit Neugierde nach. In realer Selbsteinschätzung kenne ich indessen kein neugierigeres Wesen als den Mann. Den Beweis liefert die schier endlose Reihe der Erfinder und Entdecker: alles Männer. (Madame Curie, aus dem Stegreif erinnerliche Ausnahme, finde ich, war nur ausdauernder als Monsieur Curie.)

Immer wieder entfalte ich voll Neugier die vielen Hauspläne, die mir als Unterlage für den Heizungseinbau zugestellt werden. Obenauf liegen die Ansichten der Häuser, die Nachbarn-Abschreck-Fassaden. Die Grundrißzeichnungen darunter zeigen dann das Auftrumpfwohnzimmer. Einige Barhocker weisen die Grenze zur vollautomatischen Super-Kleinküche aus, und auf dem Hauptverkehrsplatz zwischen Eingang, Gästetoilette, Kellertreppe und Gartentüre steht „Eßdiele" geschrieben. Im Elternschlafzimmer ist ein Doppelbett eingezeichnet, mit den Kopfteilen zur Wand, sonst freistehend; gegenüber der Einbauschrank und die Terrassentüre nach Osten. Womit wir wieder beim Thema wären. Es handelt von der wichtigsten Schlafzimmer-Einrichtung, den Betten. Streng genommen geht es mir um die „Deutschen Betten", wie Franzosen bisweilen sagen.

Seit jeher wird meine Bauplan-Neugier enttäuscht: es gibt kaum gute Schlafzimmerpläne. Daß es zehn oder zwanzig Jahre nach dem Hausbau vielfach doch gut eingerichtete Schlafzimmer gibt, bleibt ein Trost.

20

Was ist an diesen Schlafzimmern im allgemeinen falsch? Ganz einfach: man gestaltet sie nach gängiger Mode, ohne über Sinn und Zweck dieses Raumes nachzudenken.

Etwa 1965 begegnete ich einem Star-Architekten. Er baute gläserne Wohnhäuser nach Mies van der Rohes Pavillon-Vorbild. In Zeitschriften, wie „Film und Frau", wurden sie öfter ganzseitig und goldgerahmt veröffentlicht. Der Mann war 30 Jahre älter, seine Frau 10 Jahre jünger als ich. Mit einer Führung durch sein eigenes Haus gelang es ihm, einen neuen Bauherren und mich zu beeindrucken.

Ich sehe noch das Schlafzimmer vor mir: ein leerer Raum mit drei weißen Wänden. Statt der vierten Wand zum Garten hin: eine einzige Scheibe vom Boden bis zur Decke, nach einer Seite ganz verschiebbar. War die gläserne Wand geöffnet, blieb auf dem Boden eine schmale, polierte Messingschiene zurück; an sie grenzte von außen der auf gleiches Niveau

rasierte Rasen und von innen ein roter, rasentiefer Plüschteppich. Vom selben Teppich bedeckt, erhob sich an gewohnter Stelle ein symbolisiertes Doppelbett als eine Fläche von gut zwei mal zwei Meter und etwa 15 cm hoch. Rings um die Decke eine indirekte Neon-Beleuchtung, sonst nichts; kein Schrank, kein Stuhl, kein Bettzeug!

Falls Sie sich nicht selbst daran erinnern – derart auf dem Boden zu schlafen, war damals hypermodern. Ersatzweise wollte man, wie heute noch, die rand- und gestellose „Liege".

Aus der Sicht der wirklichen menschlichen Bedürfnisse kann man es gar nicht falscher machen, als mitten im Raum dicht über dem Boden schlafen zu wollen.
Das Bett gehört in die Zimmerecke gestellt, und zwar mit Blickrichtung zur Tür. Zu welcher Tür? – Danach kann nur fragen, wer davon schon zuviele im Schlafzimmer hat. Mit Türen zum Bad, zum begehbaren Schrank und auch noch zur Ter-

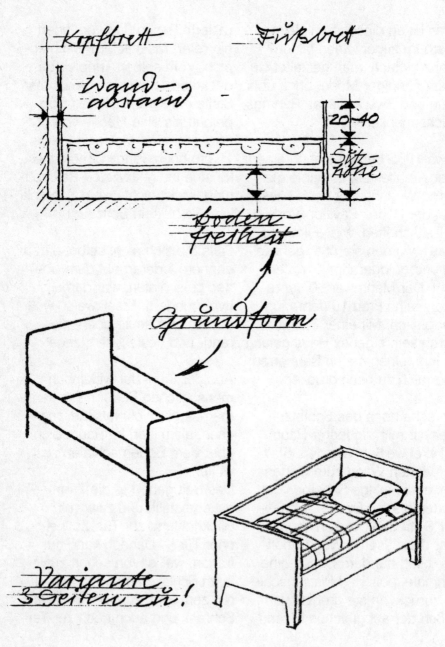

Kopfbrett   Fußbrett

Wand-
abstand   20-40

                                            Sitz-
                                            höhe

boden-
freiheit

Grundform

Variante
3 Seiten zu!

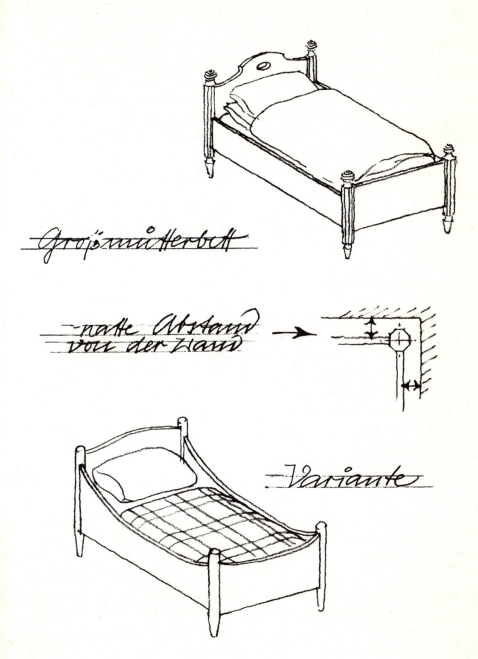

Großmutterbett

natte Abstand
von der Wand →

Variante

rasse setzt der Mensch scheinbare Bedürfnisse vor seelische Notwendigkeiten.

Das richtig angelegte Schlafzimmer hat nur eine Tür. Andernfalls wird das unerläßliche Gefühl der Geborgenheit in diesem Raum gestört.

Unabhängig vom Geburtsjahrgang sind unsere Psychen nach den Mustern der Zeit um 10000 vor Christus gestrickt. Seither hat sich daran nichts mehr geändert. In jener Zeit konnte ein Mensch auf einer ausgesetzten Stelle allenfalls sein Leben verlieren, aber keinen gerechten Schlaf finden. Auch Ihrer Psyche ist dies noch eingeprägt und entsprechend unwohl fühlt sie sich auf freiem Feld, auf der Kreuzung gefährlicher Wege. Wer sich nächtelang zwischen Träumen von Tod und Teufel ruhelos wälzt, sollte in wachem Zustand einmal der Sache nachgehen.

In der richtigen Zimmerecke bieten zwei Wände dem Menschen im Bett die notwendige Geborgenheit. Ein Fußteil von 20 bis 40 cm Höhe (über der Auflage) erzeugt auch noch für die dritte Seite den wünschenswerten Schutz. Weil zu dem hohen Fußteil aus optischen Gründen ein noch höheres Kopfbrett gehört, ist die Bauform des Bettes gegeben.

Nun wissen Sie also, wie ein brauchbares Bettgestell aussieht.

Wie Sie im Augenblick noch darüber denken, hängt davon ab, ob Sie sich dem Diktat gängiger Moden unterwerfen wollen. Entscheiden Sie sich erst anhand folgender Fakten.

Der schützende Bettkasten darf nicht dicht an den Wänden, sondern etwas davor stehen. Ein Spalt von wenigen Zentimetern gestattet der kühlen Luft, die an winterkalten Wänden nachts abdriftet, am Schlafplatz vorbeizustreichen. Dies bedeutet praktische Rheuma-Vorsorge.

Selbstverständlich steht der Bettkasten auf Füßen. Und der Raum darunter bleibt frei. Keine Schubladen für Bettzeug werden eingebaut, und auch keine Kleiderschachteln oder Reisekoffer werden dort verstaut. Denn unter ein Bett gehört nichts als Luft, weil sich sonst Feuchtigkeit und schließlich Schimmel einnisten. Dies gilt besonders, wenn eine oder gar beide Wände, vor denen der Bettkasten steht, infolge eines schlechten Hausgrundrisses auch noch Außenwände sind. Unsere Vorfahren wußten das. In den Schlafzimmern der alten Bauernhäuser z.B. standen die Betten an Innenwandecken. Zugangstüren wurden in Außenwandnähe angeordnet. Die kleinen Fenster im Blickfeld des Schlafenden ließen sich durch Klappläden oder durch innen angebrachte Schiebeläden nachts verschließen.

Je mehr man sich mit den Erfahrungen der Altvorderen auseinandersetzt, desto sicherer fällt das eigene Urteil über die Vorschläge der Schlafzimmer-Modekünstler unserer Tage aus.

Das meiste, was in Schaufenstern, Katalogen und Wohnzeitschriften angeboten wird, suggeriert Wunschträume, die kein Mensch tatsächlich erlebt. Der ganze Einrichtungs-Schnickschnack, wie Zeitschriften-Tischchen, Telefon, Fernseher, Deckenspiegel oder Wasserbett, zielt an der natürlichen Notwendigkeit meilenweit vorbei.

Viele Menschen bringen Wohnzimmer- und Schlafzimmereinrichtung durcheinander. Eine gepolsterte Sitzbank, eine Ottomane, ein Diwan, die Chaiselongue gaben zu allen Zeiten nützliche Möbel für ganz bestimmte Zwecke ab. Die Allerwelts-Couch trat an deren Stelle, weil man darauf auch liegen kann. Dabei kann man darauf weder richtig sitzen noch gut liegen. Und umso schlechter steht es damit, je raffinierter die Klapp-, Kipp-, Dreh-, Umschlagoder Zusammenleg-Systeme anmuten. Insbesondere was im sogenannten Bettzustand flach auf dem Boden liegt, wird auf kalten Böden über dem Erdreich, über kalten Kellern oder

Durchfahrten, aber auch schon auf Betondecken in Wandnähe gefährlich: darunter sammelt sich Feuchtigkeit, und im Nu wächst gesundheitsschädlicher Schimmel.

Von Gesundheitsproblemen abgesehen, finde ich, speziell im Hinblick auf die fünfseitige Geborgenheit und vorausgesetzt, daß der Deckel offen bleibt: **Jeder Sarg ist gemütlicher als eine Allerwelts-Couch.**

Falls Sie glauben, ich selbst schliefe in einem Sarg und würde diesen Asketen-Trip auch noch weiterempfehlen, liegen Sie falsch. Ich möchte meine Zeitgenossen nur anregen, darüber nachzudenken, was wir alles ohne Kritik oder eigenes Denken mitmachen. Dafür nenne ich als nächstes Beispiel das deutsche Ehebett.

Mit dem Kopfteil an der Wand stehen zwei Betten nebeneinander, an drei Seiten mit Teppichbrücken umrahmt. Getreu nach Großvaters Vorbild! Lediglich die nachttopfbestückten Nachtkästchen und das Schlafzimmerbild werden weggelassen. Eine Tagesdecke täuscht dagegen tagsüber noch vor, daß hier nächtens zwei unter einer Decke liegen. Das doppelte Bettzeug darunter und die blöde Mittelritze beweisen das Gegenteil.
Unter jeweils tausend Hausplänen, die ich vorgelegt bekomme, finde ich bestenfalls einen, der ein „Zimmer der Dame" und ein „Zimmer des Herrn" enthält. Die Bauherrschaft er-

weist sich dann jeweils als Wiederholungstäter reiferen Alters, die – von überkommenen Zwängen befreit – das vorläufig letzte Haus bauen.

Man muß offenbar alt werden, um herauszufinden, daß der dreiseitige Verkehrsweg um die zweiteilige, nur scheinbar gemeinsame Liegestatt herum verschwendete Wohnfläche bedeutet, die aber verschwendet werden muß, weil sonst das Bettzeug nicht in Ordnung gebracht werden kann.

Die Nähe im Doppelbett erspart einem von beiden Schläfern ein paar Schritte. Aber die Ersparnis wird durch ungezählte gegenseitige Störungen teuer erkauft. Diese fangen mit zeitlich verschobenem Einschlafen an, setzen sich mit unterschiedlichem Gewälze fort bis zum Anhören der Schnarchtöne des Partners. Am Ende ist eines Tages der Friede dahin. Weil selten früh genug bewußt wird, was eigentlich stört und noch dazu in welchem Ausmaß, geraten gekoppelte Betten allzu leicht

zum unerkannten Scheidungsgrund.

Menschen, die gemeinsam alt werden möchten, sollten getrennte Betten, besser noch getrennte Schlafzimmer planen. Je länger eines der beiden während der ersten 10 oder 20 Jahre unbenutzt bleibt, desto besser. Auf die mögliche Alternative „Grand lit", das Franzosenbett, komme ich später zurück. Vorab halten wir fest, daß im Schlafzimmer die Mathematik keine Probleme löst:
Das Doppelbett bleibt eine halbe Sache.

Es ist mir klar, daß Sie allmählich wissen möchten, wie das ideale Bett aussieht.

Selbstverständlich könnte ich schon auf dieser Seite ein Bettgestell skizzieren, von dem ich glaube, daß es die meisten Fehler, die uns üblicherweise bei seiner Anschaffung unterlaufen, nicht aufweist. Doch dies wäre dann mein Idealbett, und es könnte sehr leicht sein, daß Sie, während ich meine Motive für die Gestaltung schildere, über Einzelheiten ganz anders denken. Damit wäre eine Opposition gegeben, die sich vermeiden läßt, wenn Sie etwas später aus den vielen Einzelheiten, auf die es ankommen kann, das Ideal Ihrer Wünsche selbst zusammenstellen.

Deutschland ist ein Land der Tierfreunde. In jedem dritten Haushalt gibt es mindestens einen Hund, eine Katze oder einen Vogel. Ich komme darauf, weil ich die Katze, genauer gesagt, Ihre Kenntnisse über eine typische Verhaltensweise dieser Tierart, in dieser Bettgeschichte verwenden möchte.

Im Gegensatz zum Hund gilt die Katze als undressierbar. Sie folgt ihren Instinkten und Regungen und läßt sich vom Menschen in keiner Weise davon abhalten. Während vieler Stunden am Tage schläft sie zusammengerollt und bevorzugt dabei, besonders während der kalten Jahreszeit, Plätze auf Stühlen, auf einer Bank oder auf einem Sofa. Wissen Sie warum? –

Weil die Hauskatze keinen kalten Platz liebt, und weil sofort kalte Luft über den Fußboden zieht, wenn Türen oder Fenster auch nur kurzzeitig geöffnet werden, bevorzugt jede gesunde Katze den Schlaf auf höheren Ebenen.

Ob unsere Vorfahren von ihren Hauskatzen gelernt haben, wissen wir nicht. Seit es aber massiv gebaute Häuser gibt, standen in unseren Breiten bis vor zwanzig Jahren die Betten auf hohen Füßen. Die Liegehöhe des schlafenden Menschen entsprach dabei immer ziemlich genau derjenigen, die Hauskatzen heute noch bevorzugen.

Laufen Sie aber nun nicht gleich mit dem Meterstab los, um die Höhe Ihres Bettes mit der des Stuhls zu vergleichen, auf dem vielleicht gerade Ihre Katze schläft, denn es kommt in diesem Falle keineswegs auf Zentimeter an.

Merken wir uns vielmehr, warum ein Bett vernünftigerweise nicht auf dem Boden liegen soll: Die Lufttemperatur hält sich in höheren Schichten stabiler. Das fördert guten Schlaf.

Machen wir es den Katzen nach!

Der Humbug, den wir mit der Liege als dem beinamputierten Bett angestellt haben, zeigt sich bereits sprachlich.
Sprachkritiker haben sich über „Liege" und „Leuchte" schon oft ausgelassen, konnten die Vorliebe für diese Wortgebilde aber nicht verdrängen.
Mich stört an der Liege nicht das Wort, sondern die törichte Mode. In den fünfziger Jahren hat sie sich entwickelt. Als Zeichen des Aufschwungs sollte jeder Bundesbürger vom Säuglingsalter an in der neuen Wohnung oder im neuen Haus sein eigenes Zimmer haben; nach der drangvollen Wohnungsnot zu Kriegsende kein Wunder.
Diese eigenen vier Wände sollten aber nicht nur Schlafzimmer, sondern auch Spiel-, Arbeits-, Musik-, Gäste- und Sonst-noch-was-Zimmer sein. Beim Einrichten stand das stelzfüßige Bett immer und überall im Weg. Da machten sich die Erfinder von Klapp-, Schnapp-, Auszieh-, Dreh- und Wendebetten ans Werk. Die Zauberkästen, auf denen man nachts schlief, sahen tagsüber aus wie Schuhregale oder wie Türrahmen mit verschämten Vorhänglein. Andere verwandelten sich in Sitzbänke oder Riesensessel. Alles nur zu dem Zweck, einem zufälligen Besucher vorzugaukeln, er befinde sich nicht in einem Zim-

mer, in dem auch geschlafen würde. Dabei machte gerade diesen Umstand nichts deutlicher als ein derartiges Verwandlungsmöbel.

Nach etwa 5 bis 10 Jahren war es erst der einzelne, allmählich das ganze Volk leid, zweimal täglich die Einrichtung umzubauen und dies ausgerechnet dann, wenn man hundemüde ins Bett wollte oder höchste Eile zum Bus hatte. Wahrscheinlich waren auch den Möbelverkäufern die anstrengenden Vorführungen der Wienerbänke zu anstrengend, und so gab es fortan die Liege. Ein bunter Überzug hatte die Matraze salonfähig gemacht.

Selbstversändlich mußten Fuß- und Kopfbrett des Vorgängers Bett ebenso verschwinden wie Rückenlehnen oder Armstützen der Klapp-Patente. Die Liege wurde zur neuen Modeform der Schlafstelle: ein knapp zwei Quadratmeter großer, ebener, von allen Seiten besteigbarer, gepolsterter Platz. Die kurzen, anfangs noch üblichen Beine wichen Riesenbettzeugschubladen mit stoffbezogenen Stirnbrettern oder verschwanden ersatzlos. An Schlichtheit kaum zu unterbieten? – In der Tat! Unterbieten läßt sich auch ihre Unbrauchbarkeit als nächtliche Ruhestatt nicht.

Wieso? – ganz einfach: wenn der eigentliche Zweck eines Möbels, den es durch Jahrzehnte erfüllt hat, konsequent verleugnet wird, kann nichts Gutes herauskommen.

Die Möbelkataloge aller möglichen Quellen machen uns vor, daß die Liege kein Bett sei. Obwohl alle Käufer nachts darauf schlafen, tun sie so, als ob sie kein Bett brauchten.

In den Katalogen steht auch, daß sich die praktische Liege tagsüber in eine bequeme Sitzfläche für viele Freunde verwandelt. Daran glauben z.B. auch Eltern, die Kindern Liegen kaufen.

Später lassen sie die vielen Freunde ihrer Kinder nicht kommen. Und wenn schon, gehen diese bald wieder, denn das einbackige Hühnerstangenge-

hocke auf dem Liegenrand ist
kein Vergnügen. Eine Liege
taugt nämlich auch nicht als
„Sitze".
**Die Liege bleibt der Aberwitz
von einem Bett.**

Ich nehme an, daß Sie jene Taschenmesser kennen, über die angeblich jeder Angehörige der schweizerischen Armee verfügt. Ich hatte eines im Handschuhfach eines früheren Wagens und packte es mindestens fünfmal ungebraucht in einen neueren um. Endlich kam die Bewährungsprobe: im Sommer 1981 campierte ich in Volterra. An einem taufrischen Morgen kroch nebenan aus einem Haufen von Ruck- und Schlafsäcken ein pauspackiges Mädchen und bat mich, mit einer vielversprechenden Fischkonservendose in der Hand, um einen Büchsenöffner. Gönnerhaft reichte ich ihr meine schweizerische Vielzweckwaffe. Zehn Minuten später kam sie mit der verschlossenen Büchse und hilfeheischendem Blick zurück. Den Büchseninhalt verwendeten wir als zweites Frühstück. Das erste nahmen wir vorab aus meinem Proviantsack, denn ich brauchte geraume Zeit, um den höchst raffinierten Büchsenöffner als solchen zu erkennen und zweckentsprechend anzuweden. Ein gütiges Schicksal hatte mich zehn Jahre lang davor bewahrt, mit der Säge sägen, mit der Schere scheren oder mit dem Büchsenöffner dieses raffinierten Taschenmessers Büchsen öffnen zu müssen. Fazit: Der Kluge sägt mit einer Säge, schert mit einer Schere, dreht Schrauben mit einem Schraubenzieher ein oder aus, und er öffnet Büchsen mit einem ordentlichen Büchsenöffner.

Auch Ihr Bett soll ein Bett sein, keine Liege, noch weniger eine Sitze. Sie müssen darin schlafen können, frei von seelischen Ängsten und körperlichen Verspannungen. Wann immer Sie es ansehen, müssen Sie freudig empfinden: das ist mein Bett!

Was wir bis jetzt darüber wissen genügt, um es theoretisch zu entwerfen. Es muß ein Fußbrett haben und ein Kopfbrett. Die Höhe der Liegefläche soll eine angenehme Sitzhöhe bieten, weil diese das Niederlegen und das Aufstehen erleichtert. Auch seitliche Begrenzungen sind erwünscht, weil sie das Gefühl der Geborgenheit steigern.

Die Grundform läßt sich daraus mit wenigen Strichen skizzieren. Wohlgemerkt: die Grundform! Der individuellen Gestaltung sind damit keine Grenzen gesetzt. Dutzende von Varianten lassen sich daraus entwickeln, zum Beispiel mit vier Ecksäulen, wie es unsere Ahnen machten, oder aber die Bettlade aus Bretterwänden mit Schutz gegen die Wand, an der sie steht, und Einsteigöffnung gegen den Raum, usw. usw.

Lassen Sie sich durch die Zeichnungen anregen, die Form Ihres eigenen Bettes zu gestalten. Ob Sie es geradlinig und schlicht bevorzugen oder mit Schnitzereien verziert, spielt keine Rolle. Eines meiner selbstgebauten Lieblingsbetten habe ich am Kopfteil mit einer Lilie, dem Symbol der Unschuld ausgestattet, und am Fußteil mit einer Zirbelnuß, dem Sinnbild der Lebensfreude. Schon in der ersten Nacht hatte ich ausgerechnet die Zirbelnuß mit einem gestreckten Bein abgebrochen und sie tags darauf mit einer Eisenplatte wieder befestigt.

Längst schlafen andere darin – sehr gut, wie mir versichert wird.

Das richtige Bett hat bleibenden Wert.

Auf die Frage: „Wie sieht eine Wendeltreppe aus?" reagiert ein normal begabter Mensch stumm, indem er den Zeigefinger seiner Vorzugshand streckt und mit einer Wendelbewegung nach oben weist. Sonderbegabte ergänzen diese im Sinne des Wortes eindeutige Antwort verbal mit einem langgezogenen „Sooo!"
Sie sollten nun das Buch vor sich auf den Tisch legen. Ich möchte Ihnen nämlich eine ähnliche Frage stellen, für deren richtige Beantwortung Sie aber beide Hände benötigen: Wie funktioniert ein Blasebalg? – Na?
Die „Antwort" war richtig, wenn Sie Ihre beiden um imaginäre Griffe geschlossenen Fäuste in kurzem Abstand rhythmisch aufeinander zubewegt haben. Sollten Sie statt der beiden Fäuste

Vorschläge:

Ecken

bretter

34

Vorbilder 8

Kastenbett
18. Jahrhdt.

Himmelbett
der Tölzer Kistler

nur einen Fuß oder das ganze Bein bewegt haben, halten Sie sich bitte nicht für anomal. Sie sind dann lediglich jüngeren Jahrganges und Schlauchbootbesitzer.

Für den Fortgang meiner Bettgeschichte stelle ich nun die Frage: Kennen Sie den Unterschied zwischen einem Blasebalg und einem Bett? Ein Blasebalg bläst, weil sein Volumen abwechselnd vergrößert und verkleinert wird. Zwei entgegengerichtete Ventile sorgen dafür, daß er erst Luft holt und danach wieder ausstößt.

An einem Bett fehlen lediglich die Ventile. Deshalb saugt und bläst es an allen Ecken und Enden.

Ärzte kennen dieses Leiden und seine Auswirkungen. Über die Ursachen und demzufolge über Gegenmittel ist wenig bekannt. Amerikanische Ärzte nennen es „restless legs", zu deutsch ruhelose Beine. In meiner engeren Heimat heißt es „das Reißen". Es äußert sich in krampfartigem Zucken eines oder beider Beine. Mit jedem Zucken

löst sich eine unangenehme, vorher jeweils ansteigend wahrnehmbare Spannung, speziell der Wadenmuskulatur. Während eines akuten Anfalles verkürzen sich einerseits die Abstände dieser Zuckungen, andererseits verstärkt sich deren Impulsivität. Davon betroffene Menschen schildern bisweilen ein Gefühl, als fände innerhalb der Muskulatur eine Art elektrischer Aufladung statt, die sich mit dem Zucken des Beines teilweise wieder entlädt.

Die Anfälle treten ausschließlich im Zustand körperlicher Ruhe auf; relativ selten im Sitzen, ungemein häufig im Bett, und da fast immer kurze Zeit nach dem Einschlafen. Genau darin liegt die Krux. Denn nach dem ersten Zucken ist der Betroffene hellwach und bleibt es infolge des Zuckens meistens für längere Zeit. Einzige bekannte Abhilfe bringt sofortiges kräftiges Bewegen der Beine durch Marschieren oder Laufen oder auch ein sehr warmes Fußbad, das aber eine Tauchtiefe bis zu den Knien bieten muß.

Weil diese Behandlungsformen in jedem Fall das Gegenteil von Nachtruhe darstellen, das Leiden über Wochen und Monate mitunter allnächtlich auftritt, läßt sich leicht abschätzen, wie es die Betroffenen nervt. Was ich von dieser Sache weiß, verdanke ich nicht irgendwelchen Büchern, sondern, neben vielen anderen Ähnlichkeiten mit meinem Vater, der genetischen Vererbung.

Mein Bericht über den einfachen Mechanismus, der das erste Zucken und damit eine stundenlange Schlaflosigkeit auslöst und bei dem das Bett als Blasebalg ursächlich wirkt, erscheint angebracht, weil „restless legs" oder das „Reißen" nur eine von unzähligen Schlafstörungen darstellen, die in völlig unvermuteter Weise auf unsere Bettenformen und auf die Art des Bettzeugs zurückgeführt werden müssen.

Ein Oberbett wölbt sich wie eine Schale über den Liegenden. Im Idealfall schließt es rund um ihn dicht ab. Weil Idealfälle höchst selten sind, hapert es mit dem Abdichten. Der Kopf muß herausschauen, und da bleiben schon einmal zu beiden Seiten des Halses zwickelförmige Öffnungen. Unsere Beine laufen nicht flach aus wie die Schwanzflossen der Delphine, sondern enden mit rechtwinkelig angesetzten Füßen. In Rücken- oder Bauchlage bilden Füße bzw. Fersen einen Höcker, in Seitenlage entsteht erst recht durch die übereinandergelegten Füße ein Buckel. Jedes übliche Oberbett spannt oder knickt darüber. Diese Knicke im Oberbett ergeben dann in aller Regel düsenförmige Öffnungen ins Freie. Und genau diese Düsen lösen so manches Übel aus.

Solange der Mensch lebt, atmet er, und damit hebt und senkt sich sein Brustraum. Der Hub des Brustraumes überträgt sich infolge einer stets gegebenen Streifigkeit der Zudecke auf das Oberbett. Dadurch wird ein wesentlich größeres Balgvolumen wirksam, als das kleine Atemvolumen ausmacht. Mit jedem Schwellen des Brustraumes saugt der Blasebalg, bestehend aus Unterlage und Oberbett, Luft unter die Decke. Durch die Senkung der Brustkorbhöhe beim Ausatmen wird diese Luft wieder aus dem Raum unter der Decke gedrückt. Das hat Folgen. Insbesondere während der kalten Jahreszeit freut sich jeder gesunde Mensch über die kuschelige Wärme im Bett. In dem Maße, in dem er sein anfangs kühles Bett durchwärmt, dringt die Körperkerntemperatur in die äußeren Bereiche der Haut und auch der Gliedmaßen vor. Im Beharrungszustand erreicht die Temperatur unter der Bettdecke Werte um 30° C.

In einem voll geheizten Schlafzimmer würde eine Lufttemperatur von rund 20° C herrschen. Das wären bereits 10 Grad weniger als unter der Bettdecke. Weil wir Deutsche aber unser kaltes Schlafzimmer über alles lieben, beträgt darin die Lufttemperatur während der kalten Monate nur 10 bis 15 °C. Dies bedeutet, daß der Blasebalg Bett durch die Düse unterhalb der Füße bei jedem Atemzug

des Schlafenden um rund 15–20 Grad kältere Raumluft ansaugt. Diese Kaltluft strömt den warmen Füßen und Wäden entlang ein und wieder aus. Weil sie sich dabei jeweils ein kleines bißchen erwärmt, kühlen die Füße allmählich aus.

Eines Tages ist mir klar geworden, daß das erste Zucken der von da an ruhelosen Beine immer dann eintritt, wenn die Abkühlung des äußeren Bereichs der Muskulatur einer oder beider Waden ein gewisses Maß erreicht hatte. Und ich gewann Einsicht in die Zusammenhänge.

Gerade in einem kalten Schlafzimmer versuchte ich, im oberen Körperbereich die Bettdecke gegen die Unterlage abzudichten; auch um den Hals herum. Die anfangs angezogenen Beine streckte ich mit zunehmender Erwärmung langsam aus. Dadurch öffnete sich ein Spalt zwischen Decke und Auflage. Schon kurze Zeit nach dem Einschlafen zeigte der Blasebalg Bett seine Wirkung, und mit dem ersten Zucken war ich wiederum hellwach.

Bitte verwechseln Sie das Zukken ruheloser Beine nicht mit jener Art von Traum, in dem man plötzlich einen tiefen Fall zu erleben glaubt und im Augenblick des vermeintlichen Aufpralls mit einem kräftigen Ruck durch den ganzen Körper erwacht. Dieses Erlebnis hat andere Ursachen.

Sofern Sie an einer gewissen Häufigkeit dieser Fallträume leiden, sprechen Sie am besten mit einem Psychologen darüber.

Raubt Ihnen dagegen das Reißen den Schlaf, liegt der Fall weitaus einfacher: Sie schlafen mit einer zu steifen Bettdecke. Sie werden noch erfahren, was sich dagegen machen läßt.

Halten wir zunächst dazu fest: **Ein Bett wirkt bisweilen wie ein Blasebalg.**

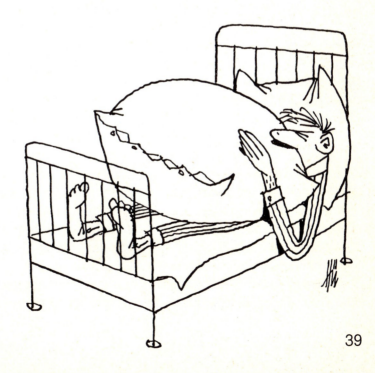

Einige Urlaubsreisen haben mich mit einer Reihe von Besonderheiten französischer Lebensart vertraut gemacht. Den zweifellos stärksten Eindruck hat dabei die französische Küche, speziell deren neuere Art, hinterlassen. Einerseits sehe ich den Grund dafür darin, daß mir auch zuhause keine Mühe zu groß erscheint, um eine gute Mahlzeit zu bereiten, und daß ich eigentlich erst von den Franzosen gelernt habe, mir zum Essen Zeit zu nehmen. Andererseits führe ich meinen starken Eindruck von französischer Koch- und Eßkultur darauf zurück, daß ich während meiner Schulzeit sträflicherweise versäumt habe, die französische Sprache einigermaßen ausreichend zu lernen. Was kann an Erinnerungen an fremde Länder außer Essen und Trinken schon bleiben, wenn die Basis einer geistigen Auseinandersetzung mit den Menschen eines Landes nicht gegeben ist? Deshalb konnte ich auch nicht erfragen, warum französische Hotelbetten, wie übrigens auch einige norditalienische, so eigenartig aufgemacht werden. Sie wissen, daß es dort üblich ist, die dünnen Oberbetten formschlüssig über die Matratzen zu spannen. Kriecht man in eines dieser Betten, ohne vorher die ganze Paradepracht rücksichtslos aufzulösen, so überkommt einen das Gefühl, als zwänge man sich in einen Briefumschlag.

Weil ich geradezu zwanghaft bei allem und jedem über die Ursachen nachdenke, habe ich versucht, einen vernünftigen Grund für diese Praxis herauszufinden. Am Ende, so dachte ich unter anderem, haben die Franzosen das Bett als Blasebalg erkannt, schätzen als Lebensgenießer das „Reißen" nicht und verhindern es auf einfache Weise durch Rundumabdichtung ihrer Betten. Der unerträgliche Schmerz in meinen Füßen unter den unerbittlich gespannten Oberbetten zwang mich jedoch innerhalb weniger Minuten, diesen Gedanken wieder zu verwerfen: auch das stärkste Nationalgefühl selbst der größten Nation könnte derlei

Qualen nicht allnächtlich erträglich machen.

Stellen wir also die Antwort auf die Frage, warum die Franzosen ihre Oberbetten so sehr spannen, vorerst zurück. Schließlich gäbe es weitaus einfachere Mittel als das gespannte Oberbett, die Blasebalgwirkung eines Bettes auszuschalten. Ich denke da zum Beispiel an den Schlafsack.

Bitte lachen Sie nicht. Monatelang, wenn nicht jahrelang haben Sie als Säugling in einem Wickelkissen, danach in einem Strampelchen gelegen. Jahrzehntelang war der Schlafsack, neben der Gitarre, Teil der unerläßlichen Ausrüstung aller Wandervögel. Kein moderner Alpinist, Japaner und Messmer eingeschlossen, träte seine Tour ohne Schlafsack an. Glauben Sie aber bitte nun um Himmels willen nicht, ich wollte den Schlafsack als die Lösung aller Bettprobleme empfehlen: erstens tue ich das nicht, weil ich als unerschütterlicher Optimist vieles gegen (Schlaf-) Sack-

und Asche-Parolen habe, zweitens, weil es eine ganze Reihe, in Bezug auf die Wirksamkeit gleichwertige und im Hinblick auf das Äußere schönere Lösungen gibt; und drittens überhaupt.

Selbstverständlich bleibt es Ihnen unbenommen, das Oberbett für einige Probetage gegen einen Schlafsack zu tauschen. Eigentlich könnte ich mir sogar nichts besseres wünschen, denn, ob Sie danach beim Schlafsack bleiben oder nicht, Sie wären gleich mir zum „Ausprobierer" geworden, der seine eigenen Erfahrungen und das daraus gewonnene Urteil über die Vor- und Ratschläge anderer zu stellen weiß. Lassen wir es dabei bewenden.

Die Blasebalgunarten des eigenen Oberbetts lassen sich einfach überprüfen. Stellen Sie einen Stuhl neben Ihre Bettstatt und schieben Sie ein nacktes Bein unter das ausgebreitete Oberbett. Durch rhythmisches Heben und Senken der Fußspitze können Sie feststellen, in welchem Umfang sich die Bewegung auf die Zudecke überträgt. Je größer die Starrheit der Zudecke, desto mehr hebt und senkt sie sich insgesamt. Sie hören und spüren, wie es bläst. Im Idealfall dagegen zeichnet sich die Fußspitze als kleiner Berg ab, um den herum sich die Bettdecke auf der Unterlage geradezu ansaugt. Dieses Erlebnis werden Sie allerdings nur haben, wenn Ihre Bettdecke sehr dünn ist und Sie sie schon lange Zeit in Gebrauch haben. Streng genommen erfüllen diese Erwartungen nur in Leinen geschlagene Wolldecken, dünne Steppdecken aus Großmutters Erbschaft oder die Wegwerf-Zellstoffbettfüllungen moderner Krankenhäuser.

Damit stelle ich mich bewußt in Gegensatz zu den Verkaufsparolen der Bettengeschäftsinhaber gehobener Klasse. Meine Berufserfahrungen haben mich längst gegen die Opposition Etablierter immun gemacht. Auch wenn ich als Autor dazu gezwungen bin, meine Schreibe spannender zu gestalten als durchschnittliche Fernsehsendungen das sind, möchte ich

Sie mit diesem Kapitel nicht unnütz auf die Folter spannen: ein Oberbett muß spezifisch schwer sein. Mit dieser Eigenschaft kann es dünn und trotzdem insgesamt wieder leicht sein; es bringt aber die unerläßliche Anschmiegsamkeit rund um den Körper des Schlafenden. Eine Bettdecke dieser Art ist höchstens zwei Zentimeter dick. Ein gleich schweres, aber beispielsweise 20 Zentimeter dickes Superleichtbett, mit was auch immer gefüllt, wäre demgegenüber praktisch wertlos. Sein Volumen ist zwangsläufig verbunden mit einer inneren Steifigkeit, die das Gegenteil von Anschmiegsamkeit bedeutet und es zum Superblasebalg macht. Die Begründung dieser These wird einige Kapitel füllen.

Lassen Sie mich vorwegnehmen, wie ich darauf gekommen bin: viele Male war ich bei Freunden zu Gast. Weil Gästebetten meistens eine Art Notbetten sind, werden sie vielfach mit jenem Bettzeug ausgestattet, von dem sich die Gastgeber infolge wachsenden Wohlstandes zwar selbst getrennt haben, aber auf die Dauer nicht vollends trennen können. Allenfalls für ein oder zwei Nächte bestimmt, reicht für den Gast das Bett der seeligen Schwiegermutter, der Kinder, die längst aus dem Haus sind, oder jenes, das man vor 20 oder mehr Jahren mit in die Ehe gebracht hat. Im Keller, im Gartenhäuschen oder auf dem Dachboden harren derlei Stücke auf gelegentliche Gäste. Die Tatsache, daß ich darin oftmals besser geschlafen habe als im eigenen, häuslichen Hausherrenbett, hat mich schließlich erkennen lassen, worauf das zurückzuführen ist: die ausgewalkten, von aller inneren Widerspenstigkeit längst befreiten Oberbetten und die in Jahrzehnten mürbe gewalzten Unterbetten waren nicht mehr in der Lage, die Elastizität eines Blasebalgs zu entwickeln.

Deshalb konnte ich darin ohne jedes Reißen wie ein Bär schlafen. Würden Sie aber nun daraus schließen, man könne nur unter alten Lappen bestens schlafen, müßte ich Ihnen leider

widersprechen. Ich wollte Ihnen zunächst lediglich nahebringen: **Ein Oberbett soll anschmiegsam sein.**

Der vorhin erwähnte Oberbettentest mit dem gestreckten, nackten Bein erweist sich für den Anwender höchst informativ. Allerdings hege auch ich gewisse Zweifel, ob es wirklich angebracht wäre, sich damit außer Haus, etwa in einem Bettengeschäft, in Szene zu setzen. Weil Sie aber im Ernstfall nicht wieder ein weiteres falsches, sondern unter allen Umständen endlich das richtige Bett kaufen sollen, verrate ich Ihnen einen salonfähigen Test. Lassen Sie das fragliche Oberbett vom Verkäufer auf einer beliebigen Unterlage flach ausbreiten, von der Seite her schieben Sie sodann den Arm, mit der Handfläche nach oben, bis unter die Mitte der Decke vor. Danach bewegen Sie die gestreckte Hand, mit Drehpunkt im Handgelenk, rhythmisch auf und ab. Ohne besondere Beobachtungsgabe werden Sie leicht erkennen, ob die Decke pumpt und damit bläst, oder ob sie sich um die Hand herum anschmiegt. Zweckmäßigerweise teilen Sie dem Verkäufer nur mit, ob Sie die Decke kaufen wollen oder nicht. Mit Angaben über den Sinn Ihrer speziellen Qualitätsprüfung würden Sie nur Zeit für überflüssige Diskussionen vergeuden und am Ende gar wieder die teuerste, abermals ungeeignete Bettdecke nach Hause tragen.

Das war mein Geheimtip zum Oberbettentest.

Selbst wenn Sie zu diesem Zeitpunkt schon das untrügliche Gefühl hätten, an Ihrem Bettzeug etwas ändern zu müssen, sollten Sie Ihre Tatkraft noch etwas zügeln. Es stehen nämlich noch ein paar sehr wichtige Themen an, auch das wichtigste Problem, das es für uns Deutsche in bezug auf Schlafzimmer zu geben scheint: die Frage nach der richtigen Schlafzimmertemperatur!

Vor mehr als zwölf Jahren habe ich in meinem ersten Heizungsbuch (1) mit dem Hinweis auf die Schlafzimmerluke eine Möglichkeit aufgezeigt, wie man in einem tagsüber voll temperierten Schlafzimmer nachts nahezu bei Außentemperatur die über alles geliebte Schlafzimmerkälte verwirklichen kann.

Der Kompromiß zwischen der haustechnischen Notwendigkeit, auch das Gemäuer des Schlafzimmers trocken zu halten, und der angeblich unabdingbaren Gewohnheit, kalt zu schlafen, schien mir damals angebracht. Zwei Dinge hatte ich seinerzeit allerdings versäumt: einerseits hätte ich den Kompromiß als solchen noch gründlich überdenken müssen, andererseits hätte ich jene Beobachtungen, die mich dazu gebracht haben, schildern sollen, denn sie hätten den bautechnischen Aufwand der Klimaluke vereinfacht, vielleicht sogar erübrigt. Lassen Sie mich dies daher hier nachholen.

1965 möblierte ich ein Dachzimmer des schönsten, über 200 Jahre alten Bauerhauses eines Dorfes bei Murnau nach eigenen Vorstellungen.
Die obligate Gästezimmereinrichtung – Doppelbett, Tisch und Schrank – flog raus. Rechts neben der Eingangstür baute ich ein Stockbett auf, dessen Unterteil tagsüber als Kanapee diente. Hinter den Vorhängen des oberen Stockes wurde das doppelte Bettzeug verstaut. Daneben kam ein alter Bauernschrank zu stehen und in der Ecke unter der Mansarde eine Eckbank mit Tisch und Lampe darüber. Richtig Platz hatten daran vier Personen. Um den kleinen Tisch haben aber auch bis zu fünfzehn freundliche Menschen gefeiert. Doch nun zum Stockbett. Was es damit auf sich hatte, müssen Sie erfahren.

Das Dachzimmer hatte, wie könnte es bei einem oberbayerischen Bauernhaus anders sein, ein Fenster in Form einer Gaupe. Diese zog sich innen wie ein Flur in die Länge. Die Brüstung des kleinen Fensters lag etwa Einmeterzwanzig über dem Fußboden. Um die Gemütlichkeit zu steigern, hing in der Gaupe ein kleiner geteilter Vorhang, der beiderseits an der Wand abschloß und von der Gaupendecke bis auf Brüstungshöhe herabreichte. Die Unterkante dieser Vorhänglein lag zufällig auf gleicher Höhe mit der Unterkannte des oberen Stockbettes. Während der kalten Jahreszeit, und darauf zielen meine Ausführungen ab, wurde das Zimmer mit einem kleinen, gußeisernen Hüttenofen geheizt, der ordentlich spuckte, d.h. Wärme abstrahlte, aber auch eine Menge Warmluft unter der Decke des niederen Raumes staute. Des nachts waren die Vorhänge geschlossen, aber das Fenster stand offen. Und so kam es, daß im unteren Teil des Stockbettes Winterkälte, im oberen dagegen wohlige Wärme herrschten. Den Unterschied bewirkte nichts weiter als der geschlossene Vorhang.

Weil in beiden Betten das gleiche Bettzeug verwendet wurde, war es dem unten Liegenden zwangsläufig zu leicht, dem oben Liegenden zu schwer. Der Obere hätte mit dem leichtesten Laken auskommen können. Der Untere dagegen hatte jeweils – wohlgemerkt während der kalten Jahreszeit – zusätzlich das Oberbett des Oberen gebraucht, um die Eiseskälte ertragen zu können.

Nun will ich Sie nicht weiter langweilen mit den Debatten, wer jeweils in das stets zu warme Bett turnen sollte oder sich in den treudeutsch kalten unteren Teil legen durfte – auch nicht mit den Folgen der Klimaluke in Form des teilweise abgelassenen Rolladens vor der geöffneten Terrassentüre im Schlafzimmer. Dutzende von Leserbriefen, die ich in den Jahren danach bekam, zeigten mir, daß ein Teil meiner Leser einen geradezu unverantwortlich großen Aufwand trieb, um diese Schlafzimmerluke zu realisieren:

Weil ich angedeutet hatte, daß durch die Klimaluke weder Katzen noch Einbrecher ins Schlafzimmer schlüpfen, aber auch kleine Kinder nicht hinausfallen dürften, wurden mir abenteuerliche Konstruktionen zur Begutachtung vorgelegt. Um das eigene schlechte Gewissen abzubauen, mußte ich immer wieder in langen Briefen erläutern, daß ein halbwegs kräftig gewebter Vorhang, der zu beiden Seiten eines Fensters einigermaßen dicht abschließt und in der richtigen Höhe endet, die gleiche Wirkung hat, und daß ich selbst nach jahrelanger Praxis die Eiskaltschläferei längst als überholt betrachte.

Wie man die Sache auch dreht und wendet, am Ende erscheint die nächtliche Schlafzimmertemperatur keinesfalls als die Hauptsache. Man muß sie vielmehr nach der Schwere des Bettzeugs einstellen.

Nur wer unter dicken, nahezu wärmedichten Bettdecken schlummert, kann ein kaltes Schlafzimmer ertragen. Menschen, die dünne, leichte Laken bevorzugen, brauchen dagegen einen geheizten Schlafraum.

Die Beobachtungen, die mich zu dieser Erkenntnis brachten, machte ich immer wieder in gut temperierten bis überheizten Hotelzimmern. Nach häuslicher Gewohnheit, riß ich Türen oder Fenster sperrangelweit auf und konnte danach unter dünnen Laken schnell einschlafen. Kurze Zeit später wachte ich mehr oder weniger schlotternd wieder auf. Während der ungewollten Schlaflosigkeit hatte ich Gelegenheit, über ihre Ursache nachzudenken. Ich erinnerte mich an warme Sommernächte, in denen nach einem heißen Tag mit 28 Grad im Schatten nicht einmal rund um das Haus geöffnete Türen und Fenster Durchzug und Kühlung schaff-

ten. Da lag ich dann auf dem Bettzeug und konnte erst gegen Morgen ein Leintuch und die leichteste Kamelhaardecke ertragen.

Dieser Sache wollte ich auf den Grund gehen und stellte daher während einiger lauer Nächte einen Temperaturschreiber auf meinen Nachttisch. Die Temperaturkurve des Gerätes erstaunte mich insofern, als sie sich keineswegs im Bereich subtropischer 28 Grad bewegte. Zwischen 23 Uhr nachts und 6 Uhr früh fiel die Temperatur allmählich von etwa 21 Grad auf 17 Grad. Die Temperaturkurve war nahezu identisch mit denjenigen, die ich mehrfach während kalter Winternächte im geheizten Schlafzimmer aufgezeichnet hatte. Wie die meisten Heizungen pausierte auch meine eigene zwischen 22 Uhr abends und 6 Uhr früh, und bei geschlossenen Fenstern sank die Temperatur während dieser Zeit, ähnlich wie in jenen Sommernächten, von 21 Grad auf runde 17 Grad ab.

Sie werden mir zustimmen, daß

sich daraus recht einfache Schlüsse ziehen lassen, nämlich ein winterkaltes Schlafzimmer läßt sich im Sommer nicht realisieren, wohl aber ein sommerlich warmes im Winter. Wer sich aus Gewohnheit mit dem Bettzeug auf Winterkälte einstellt, erlebt im Sommer jeweils die Katastrophe. Mit dem Ganzjahresbettzeug kommt dagegen derjenige aus, der sich im Winter ein geheiztes Schlafzimmer gönnt. Er spart Geld für doppeltes Bettzeug und kann sich warmer und trockener Schlafzimmerwände erfreuen ohne Feuchteschimmel in den Ecken, hinter Vorhängen und Schränken.

Wir müssen auch noch einmal an die Blasebalgwirkung des Bettes denken: technisch nüchtern betrachtet, stellen sich unter der Bettdecke eines Schlafenden Temperaturen ein, die je nachdem, ob er sich häufig wälzt oder eher ruhig verhält, zwischen der Hauttemperatur des wachen Menschen, also bei rund 28 Grad, und seiner Kerntemperatur, etwa 37 Grad, liegen. Die Lufttemperaturen eines kalten Schlafzimmers bewegen sich zwischen 0 und 10 Grad. Gegenüber einem normal geheizten Schlafraum verdoppeln sich daher die nachteiligen Auswirkungen des Pump-Effektes jedes Bettzeugs. Die Heizkosten für ein warmes Schlafzimmer fallen kaum ins Gewicht, weil sie den Heizungsaufwand der angrenzenden Räume entsprechend verringern. Alles in allem kostet doppeltes Bettzeug für Sommer- und Winternächte schnell das Zehnfache. Rechnen wir schließlich den Wert der gesteigerten Lebensfreude ein, die ein warmes Schlafzimmer ganzjährig bietet, kommen wir zu dem Ergebnis:
Ein warmes Schlafzimmer ist kein Luxus.

Selbst wenn Sie sich fortan dazu durchringen, Ihr Schlafzimmer zu heizen, werden Sie zwangsläufig erleben, daß ein und dieselbe Bettdecke nicht für alle 365 Tage eines Jahres gleichermaßen taugt. Das liegt daran, daß sich auch die beste Heizung nicht immer rasch genug der wechselnden Witterung anzupassen vermag. Tatsache ist aber auch, daß sich das körperliche Wärmebedürfnis eines jeden Menschen ständig ändert. In einem periodisch wechselnden Zyklus erleben wir Phasen, in denen uns – von der Kleidung angefangen bis hin zum Bettzeug – einmal nichts warm genug, das andere Mal nichts leicht genug erscheint. Die Kleidung können wir diesen wechselnden Bedürfnissen gut anpassen. Leichtere, auch keine Unterhemden, bis hin zu Pullunder und Pullover, da bietet sich ein weiter Spielraum.

Haben Sie aber schon einmal darüber nachgedacht, wieso wir mit dem Bettzeug nicht ähnlich verfahren sollten? Ich habe es getan, und einige Jahre ausprobiert.

Das ideale Oberbett besteht aus mehreren Schichten: zunächst eine leichte Wolldecke, eingeschlagen in ein Leintuch. Darüber liegt, was im Haushalt an Decken und ähnlichem verfügbar ist, zum Beispiel ein oder zwei weitere Wolldecken oder eine Steppdecke, vielleicht auch noch ein Fell obenauf. Die Reihenfolge spielt keine Rolle, sie kann von Woche zu Woche oder von Monat zu Monat wechseln. Wann immer es darunter zu warm wird, schlägt man eine, zwei oder drei dieser Häute nach unten. Wird es zu kalt, zieht man die Lagen nach Bedarf wieder hoch.

Schon nach kurzer Beobachtung werden einem die wechselnden Wärmebedürfnisse während der Nacht bewußt. Immer wenn sich unter der Bettdecke die Temperatur über ein gewisses Maß verändert, stellt sich ein kurzes Erwachen ein, das man zur Korrektur nützt. Das Wissen um diese Korrekturmöglichkeit und das Erfolgserlebnis in bezug auf die nachfolgende sichere Schlafruhe läßt den großen Wert dieser augenblicklichen Veränderlichkeit des Bettzeuges rasch erkennen.

Es gibt kaum eine größere Freude, als statt der Sklave der Umstände der Herr der Lage zu sein; auch im Schlaf. Und auf die Gefahr hin, daß ich mich mit allen Bettenverkäufern verfeinde, behaupte ich:
Das ideale Oberbett besteht aus vielen dünnen Decken.

Nichts leichter, als ein Probebett dieser Art herzurichten! Wir legen das alte Oberbett beiseite und breiten zuerst ein Leintuch aus. Dessen Oberkante schließt am Kopfbrett an. Zu beiden Seiten des Bettes hängt es gleich breit über. Bei entsprechender Länge ziehen wir es über das Fußbrett weg. Die nächste Lage kann eine Wolldecke abgeben,

meinetwegen mit feldgrauer Vergangenheit. Das Alter spielt keine Rolle. Wichtig ist dagegen, daß der obere Rand etwa dort zu liegen kommt, wo sich später das Kinn des Schlafenden befindet. Ob Sie das Leintuch jetzt schon einschlagen oder hinterher über alle Schichten, steht Ihnen frei.
Nun könnte die Steppdecke der Großmutter folgen, ein aufknüpfbarer Schlafsack, falls groß genug ein Frottierbadetuch, das abgewetzte Lammfell vom Gästesofa, vielleicht aber auch die bislang benützte Tagesdecke, sofern Sie beim Auflegen mit den Rüschen zurechtkommen. Geben Sie schon zu, daß Sie bereits jetzt große Lust verspüren, sich unter dieser Halbdutzendschichtendecke zu verkriechen! Ich räume als meine Gegenleistung für Ihr Geständnis ein, daß insbesondere bei einem nach oben abnehmenden Format der Schichten, das Äußere dieser Kreation den gängigen Fotoaufnahmen der Bettenreklame nur wenig ähnelt. Bedenken Sie aber, Sie lesen kein Drehbuch für Werbefotos, sondern

einen praktischen Ratgeber für guten Schlaf. Das macht den Unterschied.

Eheleuten, die darüber größere Konflikte mit ästhetisch gebildeten „besseren Hälften" fürchten, rate ich zu einem ausgedehnten Schaufensterbummel vor der Schlafzimmerabteilung des nächstgelegenen Möbelhauses. Je mehr Sie sich dabei satt sehen, desto klarer fällt Ihre Entscheidung für eine erste Nacht im Schichtenbett aus.

Die guten alten Stücke habe ich angeführt, damit Sie für eine improvisierte Probe kein Geld ausgeben müssen. Mit keinem Wort habe ich jedoch behauptet, das mehrschichtige Oberbett müsse aus alten Lumpen bestehen. Es können „alte" Decken verwendet werden. Damit läßt sich ein Schichtenbett sogar ausgesprochen preiswert zusammenstellen. Solange die Decken nicht nach Moder oder Mottenkugeln riechen, erkenne ich keinen Hinderungsgrund. Entgegen so mancher Alltagserfahrung muß Gutes nicht

unbedingt auch teuer sein! Lesen Sie hier aber auch, wie Sie ein brauchbares Oberbett für sehr viel mehr Geld ins Haus schaffen können.
Als unterstes Laken wählen Sie dazu echtes hangewebtes Linnen – Meterpreis ca. 100 Mark. Mit einiger Findigkeit bekommen Sie es auch alt, aus der Zeit, wie man sagt, und zahlen dann etwa 250 Mark je Meter. Zweieinhalb Meter benötigen Sie in doppelter Breite. Und vergessen Sie bitte nicht, diesen Gestehungspreis und die Kosten der folgenden Teile zusammenzuzählen.
Auf das Laken legen Sie sodann eine Kaschmirdecke leichtester Webart. In dezentem Schottenmuster kosten schöne Stücke 1000 Mark.

Mit einer, besser aber mit zwei reinseidenen Schlafdecken darauf, Stückpreis 370 Mark, reichen die Schichten nun schon für laue Sommernächte aus. Wenn Sie aber noch dem kalten Schlafzimmer anhängen, brauchen Sie weitere Lagen.
Als nächstes z.B. einen Origi-

nal-NAIN, Größe ca. 150 mal 220 Zentimeter. Aus dünnsten Fäden werden derlei Teppiche mit größter Maschendichte handgeknüpft. Ich habe schöne NAINS schon für 15 000 Mark gesehen.

Legen Sie die Pracht mit dem Flor nach unten aufs Schichtenbett! Sie sehen dann stets, worauf es ankommt, nämlich auf die Knüpfung. Obenauf lassen Sie schließlich ein Fell nach Belieben folgen, zum Beispiel Schaf, Wolf oder Bär! Auch Nerz oder Zobel eignen sich, nicht zu vergessen umgearbeitete Wildkatzenmäntel, mit denen man sich ja ohnedies immer weniger zeigen kann.

Man lege aber bitte bei dieser Schichtenfolge den Pelz nicht lieblos auf alles untere! An derjenigen Ecke des Bettes, die am besten ins Auge fällt, sollte man stets wie zufällig ein kleines Stück jeder Lage aufdecken. Das macht Eindruck!

Der aufmerksame Leser weiß jetzt auch, wieso der NAIN mit dem Flor nach unten zwischen den Schichten liegt: an der Vor-

zeigeecke kommt immer die Paradeseite zum Vorschein!

Übrigens habe ich die Einzelpreise der Schichten dieses Superbettes nicht zusammengerechnet.

Sie sehen es goldrichtig: **Das Superbett ist mehr ein Witz.**

An dieser Stelle hatte ich am wenigsten mit Einsprüchen meines Verlegers gerechnet, doch er gab sogar zweierlei zu bedenken, noch dazu leicht Widersprüchliches.

Einerseits meinte er, solle ich das teure Superbett nicht aus Ironie aller Chancen berauben; schließlich sei in einer Zeit des Überflusses das Teuerste gerade gut genug.

52

Andererseits bereite ihm Kopfzerbrechen, daß ich die Felle vom Aussterben bedrohter Tiere zu verwenden empfehle.

Mit dem Recht des Autors sagte ich ihm am Telefon meine Meinung. Dabei nutzte ich den Umstand, daß ich ihn seit geraumer Zeit sehr gut kenne. Damit ich mir Antworten auf Leserbriefe erspare, formuliere ich hier den druckreifen Teil meines Einwandes und das Ergebnis:

Als erstes möchte ich das Urheberrecht in bezug auf die Schichtenfolge des Nobelbettes gegenüber cleveren Versandhaus-Managern ausdrücklich betonen. Zweitens habe ich über das Verhältnis zwischen Tierfell und Menschheit lange vor meiner Empfehlung nachgedacht.

Ohne die Fähigkeit unserer Urvorläufer, Feuer und Felle zu nutzen, gäbe es uns nicht. Das war Punkt eins.

Selbst wenn sich die Menschheit eines Tages zu völligem Vegetarismus durchringen sollte, wird sie niemals ohne felltragende Haustiere auskommen.

Deshalb wird es immer Felle verendeter Tiere geben. Die gesamte Tierwelt frißt, um zu leben, lebt, um gefressen zu werden. Willkürliche Eingriffe des Menschen in diese Nahrungskette werden ihn auch weiterhin dazu zwingen, durch bewußtes Töten fehlende Kettenglieder zu ersetzen, und es erscheint mir ökonomisch im Sinne des Naturgesetzes, dabei anfallende Felle zu gerben und nicht zu vergraben. Das war Punkt zwei.

Unnötiges Leid fügen wir manchen Tiergruppen nur dann zu, wenn wir, wie so oft geschehen, das Fell einer Tiergruppe zur Mode machen.
Nehmen Sie das Beispiel des Gris-Fuchses. Innerhalb weniger Jahre mußte diese Tierart Rocksaum und Kragen, Handschuhe und Mütze, Jacke und Mantel, ja sogar nutzlose Tagesbettdecken für Millionen von Menschen der westlichen Welt liefern. Kein Wunder, daß daraufhin für Mil-

lionen von Tieren leidvolle Enge in schnell geschaffenen Farmen die Folge war. Vor dem Gris-Fuchs erging es vielen Tierarten ähnlich: dem Silberfuchs, dem Chinchilla, dem Nerz, dem Skunk, dem Waschbären, dem Hamster, dem Opposssum, dem Nutria oder dem Seal. Wer bei den jeweiligen Modetrends zurückgehalten hat, hätte am ehesten Recht, den warnenden Finger zu heben. Das war Punkt drei.

Selbstverständlich kenne ich das Alternativ-Fell, die gewebte Lamahaar-Masche. Kennen deren Liebhaber das Schicksal der geschorenen oder auch gekämmten Tiere? Auch hierbei könnte Quellenstudium die Freude verderben! Das war Punkt vier.

Wissen Sie um die Mühsal, die handgewebtes Leinen seit jeher bereitet hat, von der Saat bis zur Ernte des Flachses, wenn er gebrochen und gehächelt wurde? Ahnen Sie, was es hieß, mit nassen Fingern daraus dünne Fäden zu spinnen, auf dem Webstuhl Ketten zu spannen und Schüsse zu spindeln? Haben Sie schon einmal nachgezählt, wie oft das Schiffchen schießen muß für einen halben Meter Bettlaken?

Ich stelle diese Frage vorweg, gleichsam als Vorgeschmack auf den bitteren Nachgeschmack, der mir etwa beim Anblilck von Perserteppichen bleibt. Kann der Luxus, den wir mit dem Gebrauch dieser Art Menschenwerk, aber auch mit Leinen, Seide etc. demonstrieren, die Mühsal aufwiegen, die mit seiner Herstellung verbunden ist? – Nicht nur die wundgeknüpften Kinderfinger, sondern auch die verbrauchten Menschenleben? Das war Punkt fünf.

Lange ehe ich das erste Kapitel dieses Büchleins schrieb, habe ich – vor allem durch die Beobachtung der baubiologischen Szene und durch meine Vertrautheit mit der Reformbewegung – dieses Materialproblem im Zusammenhang mit der Frage nach dem richtigen Bettzeug erkannt. Ich selbst bin kein

Freund alter Lumpen und freue mich über jedes neue Hemd, mache dabei wenig Unterschied zwischen einem besonders guten oder einem, das ich spottbillig erstehen kann; solange es kein Einheitshemd sein muß. Dagegen hätte ich etwas. Aber: ob einer unter Wolle, Leinen, Seide oder Zobel schläft, soll er nach seinen finanziellen Mitteln und nach seinem Gewissen entscheiden.

Seide und Pelz oder Lumpen, das bleibt Privatsache!

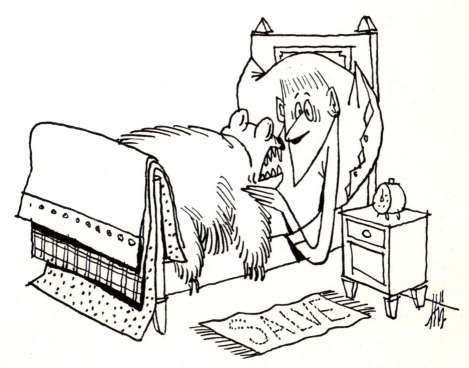

Vor gut 20 Jahren war ich wieder einmal Opfer meiner eigenen unüberwindlichen Neugier geworden und hatte viel Geld für Haftschalen geopfert. Beim Tragen dieser Dauerpiekser hatte ich beobachtet, daß an mikroskopisch feinen Kratzern in den Haftschalen Augenflüssigkeit auskristallisierte und in zunehmendem Ausmaß die Durchsichtigkeit behinderte. Als mein Augenarzt diese Tatsache bei einem Blick durch sein Mikroskop bestätigt fand, lobte er zwar meine Beobachtungsgabe, bescheinigte mir aber andererseits eine Empfindlichkeit, die jene der Märchenprinzessin auf der Erbse weit übertreffen würde. Als Gegenbeispiel erzählte er von einem Maurer, der eines Tages in seiner Sprechstunde erschienen war und behauptete, seit drei Wochen lasse das linke Auge merklich nach. Als Ursache stellte sich dann nicht etwa ein Altersleiden, sondern ein kleiner Ziegelsplitter heraus, den der Maurer die ganze Zeit unter dem Augenlid mit sich getragen hatte. „Drei Wochen!" betonte der Augenarzt und fügte hinzu: „An diesem Felsbrocken wären Sie wohl in der ersten Viertelstunde krepiert!"

Auf diese Unterschiede in der individuellen Sensibilität der Menschen mußte ich hier hinweisen, um meinen Lesern eine Hilfe zur Wertung meiner Schilderungen über die äußeren Einflüsse des gesunden Schlafes zu geben. Dabei sollte sich jeder, der an sich selbst ein geringeres Maß an Empfindlichkeit feststellt, glücklich schätzen, denn ein gewisses Maß an Dickfelligkeit erleichtert das Leben allemal. Aus diesem Grund möchte ich auch mit meinen Hinweisen auf Störgrößen nicht die Empfindlichkeit meiner Leser, sondern lediglich ihre Aufmerksamkeit steigern; denn ich glaube, damit lassen sich am ehesten die Ursachen herausfinden, wenn es an gesundem Schlaf mangelt.

Ich weiß, daß viele Menschen durch die Blasebalgwirkung eines Oberbettes überhaupt nicht gestört werden können. Von Kindheitsalter an strecken sie allnächtlich wenigstens ein Bein unter der Bettdecke hervor oder legen beide Arme darauf. Nicht wenige verzichten zeitlebens auf Nachthemden oder Pyjamas, ohne jemals zu frösteln. Die Angehörigen dieses Schlaftypus sind in der Regel gut genährt und vorwiegend weiblichen Geschlechts. Die Erklärung: Die arteigene Einlagerung einer Fettschicht unter der Haut verleiht dem weiblichen Körper nicht nur einen helleren Teint, sondern auch eine bessere Wärmeisolation. Diese wiederum macht unempfindlich gegen die stellenweise Abkühlung an Beinen, Armen oder im Schulterbereich. Der ausgeklügelte körpereigene Mechanismus zur Thermo-Regulation ist sogar in der Lage, die unerläßliche Wärmeabgabe des Körpers während der Nacht auf jene unbedeckten Körperteile zu verlagern. Nicht selten liegen diese Beinstrecker im Schlaf vergleichsweise ruhig und erwachen des Morgens, im Gegensatz zu wärmeempfindlichen Menschen, bisweilen in der gleichen Lage, in der sie abends eingeschlafen sind. Wer ähnliches an sich beobachtet hat, sollte so weitermachen und so lange wie möglich nichts an seinem Bettzeug ändern.

Anders mag der Fall bei notorischen Bettenwendern liegen. Dazu rechne ich jene Typen, die mehrmals während einer Nacht mit einem geschickten Beinschlag die Bettdecke umdrehen, um anstelle einer auffälligen Überwärmung dessen kühle Oberseite auf der Haut zu spüren. Mit an Sicherheit grenzender Wahrscheinlichkeit kann man in diesen Fällen die Oberbettenqualität als zu warm für die jeweilige Umgebungstemperatur einstufen. Folgerichtig könnte man hier leichteres Bettzeug bei gleicher Umgebungstemperatur oder, falls veränderbar, niedrigere Schlafzimmertemperatur erwägen.
Bei allen Veränderungen am Bettzeug sei maßvolles und schrittweises Vorgehen angeraten!

Und noch eines erscheint mir von Bedeutung: abgesehen von

einigen Roßnaturen, die zeitlebens alles hinnehmen, was um sie herum vorgeht, reagieren die meisten Menschen mehr oder weniger stark auf die Reize der Umwelt. Im Laufe eines Lebens werden sich deshalb auch beim gesunden Menschen immer wieder die Funktionen des Organismus verändern. Nichts erscheint daher natürlicher, daß vielleicht schon morgen stört, was die letzten Jahre hindurch als ideal empfunden wurde. So gesehen ist auch ein Bett nie, wie manche Verkäufer behaupten, eine Anschaffung fürs Leben, sondern eben nur für jene Zeit, in der es unseren Bedürfnissen entspricht.

Die Zeiten ändern sich und die Betten mit ihnen.

Wer die Veränderllichkeit seines Bettzeugs akzeptiert, gewinnt durch diese Art von Beweglichkeit eine ganze Reihe erstrebenswerter Freiheiten.

Zunächst einmal wird er sich über die Gewohnheit des kalten Schlafzimmers hinwegsetzen können. Außer bei kräftigem Lüften am Morgen und vor dem Schlafengehen kann das Schlafzimmerfenster nunmehr tagsüber und nachts geschlossen bleiben. Der Heizkörper im Schlafzimmer wird so weit angestellt, daß sich normale Zimmertemperatur einstellt. Die ans Schlafzimmer grenzenden Räume in der gleichen Etage, aber auch darüber oder darunter, werden dadurch heiztechnisch entlastet. Als Folge davon erwärmen sich die Außenwände des Schlafzimmers sowie die Wände und Decken zu den angrenzenden Räumen. Damit hat die ständige Anreicherung von Feuchtigkeit an und in diesen Bauteilen ein Ende. Wasserdampf kann sich von der wärmeren Wohnung im warmen Schlafzimmer von den übrigen Wohnräumen her zwar noch ausbreiten, aber nicht mehr an den kalten Wänden und Decken niederschlagen.

Das gleiche gilt für den Wasserdampf, den der oder die Schlafenden nachts ausatmen. Falls Sie eine gute Körperwaage besitzen, stellen Sie sich doch einmal vor und nach einer durchschlafenen Nacht darauf. Der Gewichtsunterschied zeigt an, wieviel Wasser Sie während der Nacht durch Atmung und Haut abgegeben haben.
Wiegen Sie die gleiche Menge in einem Glas auf der Küchenwaage aus, damit Sie dieses Quantum vor Augen haben. Sie werden staunen! An kalten Schlafzimmerwänden wird ein Großteil dieser Menge zu Gießwasser für Schimmelpilze.

Die höhere Temperatur der warmen und trockenen Wände wirkt sich positiv auf das Raumklima aus und entlastet die körpereigene Thermo-Regulation während des Schlafes. Jm trockenwarmen Schlafzimmer gibt es keine Schimmelpilze in den Mauerecken oder hinter Schränken und Betten und damit auch keine gefährlichen Schimmelsporen in der Atemluft.

Heizen und Warmhalten des Schlafzimmers während der Wintermonate kostet erstaunlich wenig Energie – weitaus weniger als allgemein angenommen wird. Der Einfluß der kalten Schlafzimmerwände auf die Nachbarräume und der Kaltluftstrom durch die Schlafzimmertüre der sich bei jedem Öffnen einstellt, wird in bezug auf den Wärmeverbrauch offensichtlich unterschätzt. Im Hinblick auf mögliche Bauschäden durch Feuchtigkeitsbefall im Mauerwerk jahrzehntelang ungeheizter Schlafzimmer, die sich in der Praxis vielfach als irreparabel erweisen, bleibt der Aufwand an Heizenergie während der gleichen Zeit ohne jede Bedeutung. Für viele Menschen kann der Schutzt vor Straßenlärm, den geschlossene Fenster bringen, einen zusätzlichen Gewinn an Schlafruhe bedeuten.

Ohne Berechtigung erscheint der gelegentliche Hinweis auf

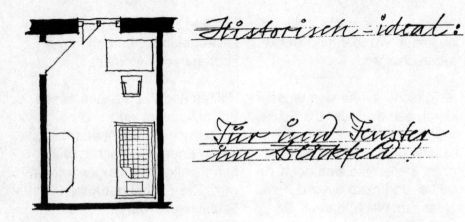

Historisch-ideal:

Tür und Fenster im Blickfeld!

Blick zur Tür immer besser, als zum Fenster!

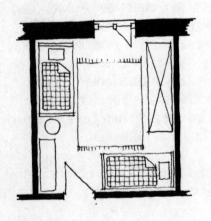 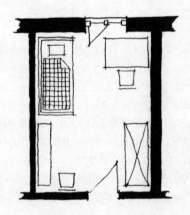

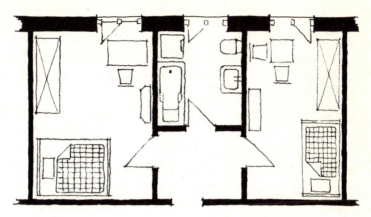

(Schlaf-) Zimmer für die Dame
und für den Herrn

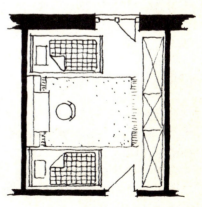

Ohne das
Doppelbett
viel Platz
im gemeinsamen
Schlafzimmer

die Gefahren des Sauerstoffmangels beim Schlaf in geschlossenen Räumen; denn im kleinsten 10-Quadratmeter-Schlafkämmerlein reicht der Sauerstoffgehalt der Luft quantitativ selbst für einen Zwölfstundenschlaf. Gegenteilige Beobachtungen beruhen häufig auf übertriebener Einbildung. Menschen, die aus Erfahrung wissen, daß sie nur in möglichst frischer (ionenangereicherter!) Luft erquickenden Schlaf finden, neigen häufig dazu, frisch mit kalt zu verwechseln. Frische unverbrauchte Luft kann aber durchaus auch angewärmt sein. Sie muß nicht durch das geöffnete Schlafzimmerfenster einströmen. Sie erreicht den Schlafenden auch durch das gekippte Wohnzimmerfenster und durch geöffnete Türen zum Schlafraum.

So gesehen spricht nichts fürs kalte Schlafzimmer.

Bis zum Schluß dieses Kapitels habe ich noch ein wichtiges Argument aufgehoben. Notorischen Skeptikern möchte ich es mit Wucht entgegenschleudern, allen Lebenskünstlern dagegen mit Nachdruck freundlich empfehlen. Die Wort- und Sinnverwandschaft von Frost und Frust sollte uns Deutsche nachdenklich machen: in frostigen Schlafzimmern nistet sich allzuleicht Frust ein. Daher rate ich auch aus diesem Grund:

Verbannen Sie den Frost aus Ihrem Schlafzimmer!

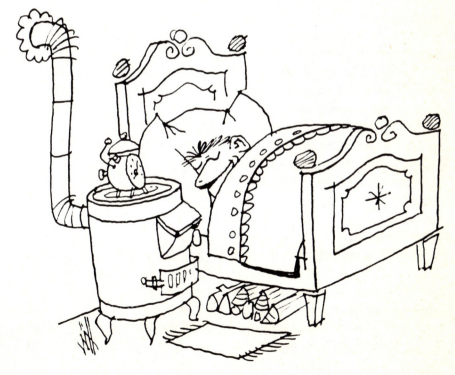

Drei Wochen mußte ich seiner- zeit auf die Kuhschweifhaarma- tratze aus dem Bioladen warten. Ich war sehr neugierig darauf und hatte immer wieder das Ge- fühl, nun begänne für mich ein neuer Lebensabschnitt.
Dann war die Riesenschachtel endlich da. Die beiden Matrat- zenteile zeigten sich wider Er- warten dünn, wogen aber er- staunlich schwer. Das größere Stück, das zwei Drittel der Bett- länge bedeckte, erwies sich obendrein als ausgesprochen unhandlich; auch die vier an den Seitenflächen angenieteten Handgriffschlaufen änderten daran nichts. Ich bugsierte die Teile auf den wenig federnden Bettrost meines Holzbettes. Nach der schwungvollen Dre- hung zur ersten Sitzprobe emp- fand ich einen Schlag gegen die Sitzknochen, der sich durch die Wirbelsäule bis zum Hals fort- setzte. Das kann ja heiter wer- den, dachte ich, und so kam es auch.
Ob ich es in der zweiten, vierten oder fünften Nacht gewahr wur- de, was mich so fürchterlich störte, weiß ich nicht mehr ge- nau. Aber es waren ein paar Dutzend spitziger Kuhschweif- haare, die sich wie Bartstoppeln durch den Matratzendrill und das Leintuch bohrten und schließlich auch noch durch die Maschen des Nachtgewandes in meine Haut. Die dadurch ausgelöste Unruhe ließ während dieser ersten Nächte den klei- nen, unteren Matratzenteil bis dicht an das Fußbrett des Bett- gestells wandern, so daß sich zwischen beiden Matratzentei- len ein Spalt öffnete. Weil dieser genau über einer Ritze im Bret- terrost darunter zu liegen kam, entdeckte ich nach langem Ge- wälze, erst im Halbschlaf und dann mit immer wacheren Sin- nen, die Wirkung des Pumpef- fektes meines Oberbetts.

Ein Telefongespräch mit dem Bioladen brachte per Schnellpa- ket eine dünne, mit Schafwolle gefüllte und abgesteppte Bett- auflage – versehen mit einer Spannumrandung und Gummi- zug – ins Haus. Diese hielt mir fortan die Kuhschwanzhaar-Na- delstiche vom Leib und die bei- den Matratzenteile dicht schließend zusammen. Mit dieser unterbettenähnlichen Zusatzausrüstung begann ein wochenlanges Gewöhnen an die harte Unterlage. Ein neuer Lebensabschnitt war es wirklich nicht. Dazu beschäftigte mich das Oberbett als Blasebalg zu sehr. Geraume Zeit nahm das Austüfteln und Herausfinden der Vorzüge des Schichtenbettes in Anspruch. Aber das kennen Sie ja bereits. Als beachtlicher Vorteil der dichten, relativ schweren Bettauflage erwies sich ihre Wärmespeicherfähigkeit. Ich empfand sie immer dann besonders wohltuend, wenn ich nachts für kurze Zeit mein Bett verließ und bei der Rückkehr spüren konnte, wie sehr die Masse dieser Auflage durchwärmt war. Ich erinnere mich deutlich an gegenteilige Beobachtungen, die ich früher unbewußt an Federkernmatratzen oder auch an spezifisch leichten Schaumstoffauflagen gemacht hatte.

Als ich mich damals für die Kuhschweifhaar-Matratzen entschied, war für mich der Preis ausschlaggebend. Die angeblich noch bessere Roßhaarmatratze hätte nahezu das Doppelte gekostet. Mittlerweile reut es mich nicht, daß ich darauf verzichtet habe, denn ich kann mir einfach nicht vorstellen, welcher weitere Vorteil den Kauf der kostspieligen Roßhaarfüllung gerechtfertigt hätte. Aus meiner Kinderzeit weiß ich, daß Roßhaar eher noch stichfreudiger ist als Kuhschweifhaar, denn es ist steifer und dicker.

Als Bub habe ich die Stichelhaare gern aus der Matratze gezogen, und ich freute mich jedesmal, wenn ich ein besonders langes erwischt hatte. Als nach einigen Dutzend schwarzen einmal sogar ein weißes Haar zum Vorschein kam, fühlte ich mich wie ein Sonntagskind.

Inzwischen harrt meine Kuhschweifhaar-Matratze neben anderen ausrangierten Möbelstükken wieder einer besonderen Verwendung. Weil eigene Erfahrungen, wie ich immer behaupte, durch nichts zu ersetzen sind, konnte ich vor einiger Zeit der Versuchung nicht widerstehen, ein neues Angebot des

Bio-Bettenhandels auszuprobieren: die Kokosfaser-Matratze.

Wieder war es der Preis, der die Versuchung auslöste. Gegenüber der Kuhschweifhaar-Matratze sollte die Kokosfaserauflage nur die Hälfte kosten. Drei Wochen mußte ich wieder darauf warten. Das Paket war genauso groß, die Matratzen waren gleich dick, vielleicht eine Idee leichter, aber keineswegs handlicher. Im Eifer der Umrüstung hatte ich das Spannunterbett mit weggepackt, und so erlebte ich in der ersten Nacht die gleiche Piekserei wie ehedem.

Mehrmals gründlich wachgepiekst, machte ich noch eine erfreuliche Feststellung: neben dem Kopfkissenrand drückte ich meine Nase in die Auflage, aber es roch keineswegs nach Urwald, wie Skeptiker meinen könnten, sondern überhaupt nicht.

Alle drei bis fünf Jahre lasse ich mich dazu verleiten, ein Stückchen Kokosnuß oder eine Kokosflocke, wie man jenes Sägespänegebäck wohl nennt, erneut zu versuchen; nur um mir selbst zu bestätigen, daß ich das Zeug nicht mag.
Trotzdem kaufe ich seit einiger Zeit beides gern und verschenke es an Menschen, die Geschmack daran finden. Vielleicht, so glaube ich, läßt sich damit die Produktion von Kokosfasern fördern, denn ich finde, wir brauchen dieses Material als Füllung für billige, in jeder Beziehung taugliche gute Bettauflagen.
Das war mein Bekenntnis zur Kokosnuß.

Unter den Kindern der Nachbarschaft, mit denen ich einst aufgewachsen bin, war ich als Dauerlacher und Dauerläufer bekannt. Gerade auf meine Beweglichkeit konnte ich mich beim Spiel und beim Kampf mit den Nachbarsbuben getrost verlassen. Nichtsdestoweniger war ich in den ersten Turnstunden und all die späteren Jahr hindurch absolut außerstande, in der Rumpfbeuge und bei durchgedrückten Knien auch nur mit den Fingerspitzen den Boden zu erreichen. Was die Wirbelsäule an Biegsamkeit nicht hergab, konnten auch die Sehnen in den Kniegelenken nicht erdehnen; selbst dann nicht, wenn der Turnlehrer durch Druck aufs Kreuz nachhalf. Nicht, daß mir ein Hohlkreuz oder ein krummer Rücken angeboren wäre. Ich möchte auch nicht in unpassender Weise auf mein Rückgrat im übertragenen Sinn des Wortes anspielen. Den Zustand meiner Wirbelsäule von Kindesbeinen an wollte ich nur erwähnen, damit er in Ihr Urteil über die nun folgenden Betrachtungen einfließen kann.

Sie erinnern sich an die Schilderung meines sogenannten Bandscheibenleidens während der 50er Jahre. Nach mehrjähriger ärztlicher Behandlung konnte ich es gleichsam von einer Woche auf die andere durch einige Entspannungsübungen kurieren. Meine Wirbelsäule läßt aufgrund angeborener Bauweise einen Bandscheibenvorfall zu. Zwischen Kreuzbein und Atlas erlebte ich ihn mehrfach an verschiedenen Stellen. Ich weiß also, was Kreuzschmerzen sind und kenne die Umstände, die sie auslösen: die sogenannte falsche Bewegung etwa oder eine Unterkühlung der Muskulatur.

Einige Male bin ich auf harten Betten infolge verspannter Muskulatur mit heftigen Rückenschmerzen aufgewacht. Niemals ist mir das in superweichen Betten widerfahren. Damit stehen meine Beobachtungen in striktem Gegensatz zur landläufigen Meinung über die üblen Folgen weicher und den Segen harter Betten. Die Ursache sehe ich in einem Mißverständnis als Folge unklarer Ausdrucksweise und falscher Auslegung gängiger Begriffe. Doch betrachten wir dies der Reihe nach.

Als weiches Bett verstehe ich

zum Beispiel eine großväterliche, roßhaargepolsterte Federmatratze in einem Stück. Bei der Belastung durch ein Normalgewicht senkt sich der Scheitelpunkt dieser Schwungfederkonstruktion unter der schwersten Stelle des menschlichen Körpers um 15 bis 20 Zentimeter. Man liegt förmlich in einer Grube. Der Rumpf ist im Becken nahezu gebeugt. Und in Seitenlage folgt die Wirbelsäule einer Schlangenlinie, jedoch keineswegs, wie angeblich unerläßlich, einer waagerechten Geraden. Wenn Sie sich auf diese federwillige Unterlage nun noch ein federfülliges, etwa 15 cm dickes Unterbett denken, bekommen Sie eine Vorstellung von dem, was ich ein superweiches Bett nenne.

Als Jugendlicher schlief ich jahrelang himmlisch in einer derartigen Falle und später auch als Erwachsener bei Ausflügen zu Freunden. Mit besonderem Vergnügen erinnere ich mich daran, wie ich mich in diesen Betten von der linken auf die rechte Seite drehte; wie ein Trampolinspringer, erst mit kurzem An-

schaukeln und dann mit Zwischenlandung auf dem Rücken, um die eigene Längsachse. Keine Kreuzschmerzen, keine Verspannung; nicht die Spur!

Im Gegensatz dazu verfüge ich aber auch über Erinnerungen an ein kreuzlahmes Erwachen auf manchem gegen Bandscheibenleiden angeblich so empfehlenswerten harten Bett. Glauben Sie aber nun nicht, dies wäre ein Widerspruch zu dem, was auch alle anderen glauben. Ich meine nur, daß viele vor lauter Glauben die eigentlichen Zusammenhänge verkennen.

Betrachten wir das superweiche Bett von vorhin genauer, so gerät die Weichheit als Folge der Federkraft der Matratze und verstärkt durch das dicke Unterbett zur Nebensache. In erster Linie haben wir ein superwarmes Bett vor uns. Benutzt der Schlafende überdies noch ein Federbett als Zudecke, wird das System zu einem geradezu superdichten Anti-Blasebalg. Auch bei noch so heftigen Trampolinbewegungen werden die Ränder von Unter- und Oberbett immer dichthalten, so daß auch der Körper eines lebhaften Schläfers an keiner Stelle auskühlt. Die Bewegung der Wirbelsäule im Schlaf kann bei durchwärmter und entspannter Muskulatur niemals zu Kreuzschmerzen führen. Selbst wenn der Schläfer wie ein Besessener um sich schlagen würde, wäre die Bewegung der Wirbelsäule sowohl nach Ausmaß als auch nach Häufigkeit nur ein verschwindend kleiner Bruchteil von dem, was ihr im wachen Zustand an Bewegungen abverlangt wird. Überdies entfällt im Liegen die Gewichtsbelastung.

Aus dem wachen Erleben weiß ich, daß schon eine kurzfristige Abkühlung etwa der Lendenpartie eine schmerzhafte Verspannung der Lendenmuskulatur auslösen kann. Warum sollten dann nicht ähnliche Abkühlungen während der Nacht ebenso ähnliche schmerzhafte Verspannungen auslösen können? Machen wir aber nun die Abkühlung von Muskelpartien und nicht die Federqualität der Bettauflage für Kreuzbeschwerden

verantwortlich, dann erklärt sich die häufige Fehlbewertung harter Bettauflagen geradezu von selbst.
Glauben Sie also nicht weiter blindlings, was man Ihnen zu glauben rät, sondern achten Sie auf die Pumpfähigkeit Ihres Bettes und stellen Sie etwaige Mängel ab.
Treten dann wider Erwarten weiter Kreuzschmerzen auf, so untersuchen Sie die Bettauflage noch gründlicher. Sie kommen dann selbst dahinter, wo es noch fehlen könnte.
Vielleicht, daß eine Federkernmatratze in sich wie ein Blasebalg konstruiert ist. Wohin anders soll die Luft entweichen, die beim Zusammenpressen im Federkern zuviel ist, wenn nicht durch das Polster?
Es mag sein, daß die Stirnseiten dieser Konstruktionen bewußt luftdurchlässig gehalten sind. Was ist aber mit dieser Soll-Blasestelle, wenn die Seitenbretter des Bettes, Teile der Bettwäsche oder was auch immer abdichten?
Prüfen Sie die Spalten zwischen mehrteiligen Matratzen, ob dort

nicht für Pumpluft freie Querschnitte vorhanden sind. Immer dann, wenn Sie irgendein Zugluftleck in Ihrer Bettkonstruktion entdecken, müssen Sie es beseitigen.

Am Ende werden Sie siegen und mit mir übereinstimmen: **Ein warmes Bett hilft gegen Kreuzschmerzen besser als ein hartes.**

Daß ich die sprichwörtliche Nestwärme im Bett wichtiger einstufe als die Nachgiebigkeit der Unterlage, kann nicht nur mit persönlichen Erfahrungen begründet werden, sondern auch mit den Ergebnissen zahlreicher Gespräche, die ich mit vielen Menschen über dieses Thema geführt habe.

Mein Urteil über die harte Volksmeinung gegen weiche Bettauflagen möchte ich Ihnen aber

erst im nächsten Kapitel schildern. An dieser Stelle scheint mir vorab noch ein kleiner Ausflug in die Physik angebracht.

Körperliche Lebensenergie gewinnen wir durch Nahrungsaufnahme. Zusammen mit dem Sauerstoff, den wir durch die Atmung der Luft entnehmen, werden die Nährstoffe im Körper verbrannt. Die daraus gewonnene Energie wird einerseits zur Bewegung des Körpers, andererseits zur Aufrechterhaltung der Körpertemperatur eingesetzt. Weil sich die Menschen auf diesem Erdball bis auf wenige Ausnahmen in einer Umgebung bewegen, die weniger Wärme als die Körpertemperatur von 37 Grad aufweist, ist der Ablauf aller organischen Funktionen darauf abgestimmt, an die Umgebung Wärme abzugeben.

Völlig abwegig wäre es zu glauben, wir könnten den körperlichen Energiebedarf etwa dadurch entscheidend herabsetzen, daß wir die Entwärmung, beispielsweise durch eine wärmende Bekleidung, verringern.

Die Tatsache nämlich, daß wir in spürbar kälterer Umgebung kräftiger essen müssen, läßt keinen Umkehrschluß zu. Wer körperlich hart arbeitet, kann in warmer Umgebung nicht auf kalorienreiche Nahrung verzichten. (Er muß nur entschieden mehr trinken, um selbst bei entblößtem Körper über Wasserdampfabgabe die Körperentwärmung sicherzustellen.)

Die Wärmeabgabe des menschlichen Körpers bedeutet also nicht etwa einen Energie-„Verlust". Sie ist vielmehr unabdingbare Notwendigkeit für den Ablauf aller organischen Lebensvorgänge.

Der Mechanismus der körpereigenen Thermoregulation reagiert mit erstaunlicher Genauigkeit auf nahezu alle innerhalb eines menschlichen Lebens vorkommenden Ereignisse. Wenn Sie für diese Fragen Interesse verspüren, sollten Sie nicht zögern, darüber wissenschaftliche Abhandlungen (7,8) nachzulesen. Haben Sie keine Scheu vor Fachausdrücken. Die bessere Einsicht in allgemeine wie auch in außergewöhnliche Lebensvorgänge wiegt die geringe Mühe bei weitem auf. In Zusammenhang mit diesen Bettgeschichten muß ich mich darauf beschränken, die dafür wichtigsten Tatsachen zu erwähnen.

Wenn Sie eine warme Puddingform in den Kühlschrank stellen, damit der Inhalt stockt, kommt es Ihnen nur auf die Abkühlung an. Die Geschwindigkeit der Auskühlung hängt dabei von der Temperaturdifferenz und von der Wärmeleitfähigkeit des Schüsselmaterials ab: ein Blechnapf beschleunigt die Auskühlung, ein Tontopf verzögert sie. Aller Wärmefluß endet, wenn die Temperatur zwischen Pudding und Kühlschrankluft ausgeglichen ist.

Wenn Sie sich längere Zeit in knietiefen Schnee stellen, bekommen Sie trotz guter Kleidung kalte Füße. Die Abkühlung in den Füßen, in den Waden, ja sogar in den Schenkeln hängt aber nicht nur von der Tempe-

raturdifferenz und der Wärmeleitfähigkeit von Strümpfen, Hosen und Schuhen ab, sondern auch von der Fähigkeit des Körpers, die Kerntemperatur auf der lebensnotwendigen Höhe von 37 Grad zu halten. So können Füße ohne Schaden bis nahe an den Gefrierpunkt abkühlen. Für den Betroffenen verläuft dies zwar äußerst schmerzhaft, aber nicht tödlich. Würde dagegen die Temperatur des Kernes, das heißt des Rumpfes und des Kopfinhaltes nur um wenige Grad absinken, wäre der Tod unausbleiblich. Die körpereigene Thermoregulation schützt den Organismus gegen diese Art von Kältetod, indem aus stark abkühlenden Gliedmaßen Wärme in den Kern zurückgezogen wird. Die Füße eines Menschen im Schnee kühlen deshalb wesentlich schneller ab als die Temperaturdifferenz und die Wärmeleitfähigkeit der Kleidung dies bewirken würden.
Der Grund liegt darin, daß das Blut, das aus dem Körperkern in die Beine strömt, zusätzlich Wärme an das zurückfließende

kalte Blut abgibt, so daß der Wärmeinhalt des Kerns weitgehend erhalten bleibt.

Dieser Wärmeregulationsvorgang erweist sich als umkehrbar. Angenommen, ein Skiwanderer läuft sich in winterlicher Landschaft auf einer leichten Steigung warm, dann kann es leicht sein, daß er sich eines Handschuhes entledigt. Der Temperaturregelmechanismus im Körper wird diese neu geschaffene Abkühlungsfläche sofort gewahr und steuert einen kräftigen Blutstrom in Richtung der abkühlenden Hand, um auf diese Weise überschüssige Wärme loszuwerden. In gleicher Weise würde sich die Thermoregulation einer zweiten Abkühlungsfläche, wie etwa einer abgenommenen Mütze, bedienen, um einer Überwärmung des Körperkernes gegenzusteuern.

Daß der in diesem Vergleich dargestellte Mustermensch erst die Handschuhe auszieht oder die Mütze abnimmt, und die körpereigene Thermoregulation erst anschließend aktiv wird, sei nur vorbeugend gegen den möglichen Einwand physiologisch gebildeter Experten betont. (Für den allgemein interessierten Laienleser bleibt der Vorrang der Komfort-Regulation vor der autonomen belanglos.)

Nichts leichter, als von dieser Stelle zum Gegenstand unserer Betrachtungen, dem Bett, zurückzukehren. Sie erinnern sich an die Beinstrecker, die allnächtlich ein Bein, ersatzweise ein oder zwei Arme unter der Bettdecke hervorschieben. Diese Menschen nutzen die Fähigkeit ihrer körpereigenen Thermoregulation, um die unerläßliche Körperentwärmung über diese willkürlich geschaffenen Abkühlungsflächen zu bewerkstelligen. Unter der Voraussetzung einigermaßen gleichbleibender Schlafzimmertemperaturen stellen sie verständlicherweise geringe Anforderungen an die Qualität ihres Bettzeuges. Kein Wunder, denn es genügt ihnen, auf steigende oder sinkende Temperaturen unter der Bettdecke geradezu im Schlaf zu reagieren. Eine andere Frage

ist, ob sie dieses Verhalten zeitlebens gesund durchhalten oder ob sie früher oder später an Rheuma, Ischias oder ähnlichem erkranken.

Die vielen anderen Schlaftypen, die die stellenweise Radikalkühlung nicht vertragen und deshalb ganz zugedeckt schlafen, müssen ihr Bettzeug zwangsläufig so gestalten, daß sich ihr Körper während des Schlafes durch das Bettzeug ausreichend entwärmen kann. Dieser Umstand erklärt aus anderer Sicht die Vorzüge des Schichtenbettes. Darüber hinaus gibt es aber noch weitere Tatsachen zu berücksichtigen. Die Entwärmung des menschlichen Körpers wird nicht nur durch den Temperaturunterschied bewirkt. Einen wesentlichen Anteil hat daran auch die Wasserdampfabgabe. Das Leben wäre zu einfach, wenn es dafür wiederum nur eine Möglichkeit gäbe. Es sind aber deren zwei.

Die erste und wichtigste Möglichkeit zur Wasserdampfabgabe bietet uns die Atmung. Mit jedem Atemzug werden wir ein Quantum Wasserdampf los, das sich an der eingeatmeten, verhältnismäßig trockenen Luft in den feuchten Lungen anlagert und mit der Ausatmungsluft den Körper verläßt. Die Bedeutung dieser Entfeuchtungsmöglichkeit habe ich an anderer Stelle ausführlich beschrieben (9). Hier möchte ich mich auf die Beobachtung beschränken, wie sehr uns kühle, trockene Winterluft zu tiefen Atemzügen anregt, und in welchem Ausmaß uns andererseits feuchtwarme, schwüle Luft anstrengt, ja geradezu den Atem verschlägt. Abgesehen von den wenigen Nächten, in denen die Abkühlung nach allzu schwülen Sommertagen ausbleibt, spielen diese Zusammenhänge für den schlafenden Menschen nachts keine Rolle.

Anders die zweite Möglichkeit der körperlichen Wasserdampfabgabe, nämlich jene, die durch die Haut erfolgt. Diese Art stellt eine verstärkte Möglichkeit zur Körperentwärmung dar, die von der Thermoregulation ergriffen wird, wenn die Kerntemperatur Höchstwerte erreicht und diese zu überschreiten droht. Der Mensch beginnt dann zu schwitzen. Da zur Verdunstung von Wasser, also zur Umwandlung von Flüssigkeit in Dampf, eine erhebliche Wärmemenge aufgewendet werden muß, entzieht Wasser, das durch die Haut oder auf der Haut verdunstet, dem Körper Verdampfungswärme. Verbinden wir nun diese Vorstellung mit Schweiß auf der Stirn oder auf einem entblößten Oberkörper, so fällt uns das Verständnis dessen kühlender Wirkung aus eigener Erfahrung leicht. Ungleich schwieriger gestalten sich die Verhältnisse unter der Bettdecke, denn hier fehlt dem Wasserdampf die Möglichkeit, die Haut zu verlassen und in die Umgebung zu entweichen.

Die Beschreibung der naturgesetzlichen Verknüpfung der zahlreichen Vorgänge, die sich der Ausbreitung der Feuchtigkeit von der Haut durch Nachthemd und Bett einschließlich der darin enthaltenen Lufträume entgegenstellen, ist in kurzen Worten nahezu unmöglich. Ein gerütteltes Maß an Vorstellungskraft ist nötig, um die einzelnen Schritte zu durchschauen: aufsaugen der Feuchtigkeit durch das Nachtgewand, abermalige Verdunstung, Dampfausbreitung durch Luftschichten, stellenweise Kondensation an kalten Bettteilen, abermaliger Übergang in die dampfförmige Phase durch weitere Erwärmung, Verlassen des Bettzeuges und Übergang an die Raumluft und schließlich die gegenteilige Wirkung infolge der Durchfeuchtung und der damit verbundenen Steigerung der Wärmeleitfähigkeit des Bettzeuges mit der sich daraus ergebenden Abkühlung.

Wer das physikalische Rüstzeug mitbringt, mag nach angemessener Bedenkzeit zufrieden „heureca" rufen.

Für alle anderen fasse ich das Ergebnis praktisch zusammen: wer infolge körperlicher Bedürfnisse ganz bedeckt schlafen muß, hat einerseits darauf zu achten, daß sein Bettzeug dick genug ist, um die Körperkerntemperatur gegen die kühlere Schlafzimmer-Lufttemperatur aufrechtzuerhalten, und andererseits darauf, daß es leicht genug ist, den Wasserdampf durchzulassen.

Je gleichmäßiger die Temperatur im Schlafzimmer während der Schlafzeit bleibt, und je besser Sie die Anpassungsmöglichkeiten mit dem Schichtenbett nützen, umso leichter stellt sich der erforderliche Wasserdampfdurchtritt durch das Bettzeug ein. Die innere körpereigene Thermoregulation bedeutet eine größere Anstrengung für den Organismus als die Veränderung der äußeren Bedingungen. Denn das erste stellt eine kompliziert gesteuerte Arbeit des gesamten Kreislaufsystemes dar, während das zweite lediglich eine Handbewegung zur obersten Decke erfordert.

Die gleichmäßige Lufttemperatur im Schlafzimmer habe ich als Vorteil betont, weil durch sie die gesamte thermische Veränderlichkeit des Schichtenbettes für die Anpassung an die körperlichen Bedürfnisse verfügbar bleibt.

Im kalten Schlafzimmer mit ge- kipptem oder geöffnetem Fen- ster sinkt die Lufttemperatur gleichlaufend mit dem Abfall der Außentemperatur. Wenn das Bettzeug der abendlichen Au- ßentemperatur gerecht wird, er- weist es sich mit fallender Luft- temperatur während der Nacht mehr und mehr als zu kalt. Ähnliche Verhältnisse stellen sich ein, wenn ein tagsüber ge- heiztes Schlafzimmer mit nachts geöffneten Fenstern benützt wird. Auch hier sinkt während der Nacht die Lufttemperatur er- heblich ab. Gleichbleibendes Bettzeug kann wechselnden An- forderungen nicht gerecht wer- den. Konstante Lufttemperatur im Schlafzimmer während der Nacht kann jedoch derlei Schwierigkeiten beseitigen. Es hat also durchaus Sinn, von Schlafräumen Kälte fernzuhalten.

Bei folgerichtiger Betrachtungs- weise wird sogar die allgemein übliche, neuerdings gesetzlich vorgeschriebene Absenkung der Heizungstemperatur wäh- rend der Nacht problematisch. Eine Senkung der Heizungstem- peratur oder Stillstand der Hei- zung während der Nacht bewir- ken bei leichter Bauweise eines Hauses einen Temperaturabfall von 5 bis 7 Grad. Bei Massiv- bauten sinkt die Temperatur während der Nacht zwischen 3 und 5 Grad ab. Mit konstanter Bettdeckendichte entstehen dar- aus für den Schlafenden kaum zu bewältigende Schwierigkei- ten. Doch damit nicht genug! Das Wärmebedürfnis des Schla- fenden ändert sich vom Zeit- punkt des Einschlafens bis zum Erwachen in unterschiedlicher Weise. Allgemein gesehen ist das Wärmebedürfnis unmittel- bar nach dem Zubettgehen am größten. Es nimmt mit zuneh- mender Durchwärmung ab, bleibt dann lange Zeit verhält- nismäßig gleich hoch und wird rund zwei Stunden vor dem Er- wachen nochmals geringer. Der Abfall der Schlafzimmertempe- ratur bei geöffneten Fenstern oder auch Schlafzimmern, die von Anfang an kalt sind, läuft aber keineswegs damit parallel. Die Temperaturkurven nähern sich vielmehr in der zweiten Nachthälfte einander. Die Folge davon ist eine zwangsläufige Schlafstörung.

Gleichmäßig beheizte Schlafzimmer schalten diese Störquelle aus. Und die körperbedingten Wärmebedürfnisse lassen sich ohne weiteres mit dem Schichtenbett korrigieren.

Nutzen wir die Segnungen der Zivilisation durch eine temperaturgeregelte Zentralheizung gerade in den Schlafräumen.

Achten Sie nicht darauf, was Ihnen die Nachbarn erzählen, kümmern Sie sich nicht um kurzsichtig formulierte Energieeinsparungsgesetze, sondern finden Sie statt dessen heraus, was Ihnen guttut. Es geht um Ihren gesunden Schlaf und dessen Auswirkung auf Ihr waches Leben.

Das war etwas Bettphysik für Physiologen.

Fragt man in unserem Lande nach Kachelöfen, so hört man aus fröhlichen Gesichtern die für meine Ohren schon eher leidigen Geschichten von duftenden Bratäpfeln. Kommt man dagegen aufs Bett zu sprechen, ertönt aus leidenden Gesichtern das Lied vom unerläßlich harten Bett.

Mißtrauen ist in beiden Fällen angebracht, denn höchstens einer von zehntausend Liebhabern eines Kachelofens hatte jemals Gelegenheit, eigene Erfahrungen mit diesem Menschheitsbeglücker zu sammeln. Alle anderen neuntausendneunhundertundneunundneunzig werden zu ihrem Schwärmen durch Urerinnerungen veranlaßt. Nicht ein einziger von zehntausend Befürwortern des harten Bettes kann sich auf gleichwertige Erfahrungen der Volksseele stützen; höchstenfalls ein einziger von ihnen benötigt das harte Bett tatsächlich aufgrund körperlicher Gegebenheiten. Alle anderen stufe ich als Opfer zeitbedingter Mode ein.

Als Beweis biete ich im Rahmen der Kulturgeschichte der Menschheit die Entwicklung des Schlafplatzes zum Bett an. Seit Adam und Eva hätte jedes menschliche Wesen reichlich Gelegenheit gefunden, auf beinharter Unterlage zu schlafen. Dennoch versuchte seit Urzeiten jeder Mensch, seinen eigenen Schlafplatz bestmöglich zu polstern.

Je höher sein Rang und sein Ansehen innerhalb einer Lebensgemeinschaft war, umso weicher ließ er sein Bett ausstatten. Historisch-anekdotisch verbrämte Berichte über die Gewohnheiten meist martialisch ausgerichteter Asketentypen bestätigen allenfalls die Regel.

Daß dieser kühngefaßte Schluß aus der Menschheitsgeschichte für unsere Zeit dennoch nicht allgemein gelten kann, hat andere, und zwar zivilisatorische Gründe.

Die Altvorderen führten, verglichen mit uns, ein körperlich bewegtes Leben. Wenige ritten, die Mehrheit lief übers Land. Muskeln und Gelenke wurden dabei in gottgewollter Weise bewegt. Wir dagegen sitzen oder stehen den ganzen Tag; bestenfalls gehen wir ein paar Schritte. Den Rest der Lebenszeit liegen wir! Dazu werden kaum 10 % der verfügbaren Muskulatur bewegt. Seelenmüdigkeit kennt nahezu jeder, erschöpfungsnahe Körpermüde kaum einer. Das macht den Unterschied.

Die nervlichen Anspannungen des Tages werden über die Fernsehrunde hinweggeschleppt und setzen sich zu Beginn der vermeintlichen Nachtruhe in Muskelverspannungen um. Wer kann sich da ernstlich über kreuzlahmes Erwachen wundern?

Sie sollten sich auch nicht darüber wundern, daß ich nun nicht beginne, Ihnen nach Art der stattsam bekannten Ratgeber Gesundheit ins Gewissen zu reden. Sie leben Ihr Leben und ich das meine. Jeder von uns weiß hoffentlich warum.

Ob für Sie eine harte oder eine weiche Bettunterlage das Richtige ist, weiß ich nicht. Sie müssen es selbst herausfinden. Möglichkeiten gibt es viele!

Asketen legen sich eine Spanplatte ins Bett und schwören auf diese Lösung. Glauben Sie den Schwüren nicht. Meist liegt die harte Platte nur unter einer ganz schön weichen Auflage. Die Platte verhindert, daß sie durchhängt; im Gegensatz etwa zu einer federnden Drahtunterlage für die Matratze. Die Spanplatte dient in vielen Betten nur zu Alibi-Zwecken: wie weich man schläft, geht niemanden etwas an, solange man mit der sportlich harten Unterlage auftrumpfen kann.

Anhänger der Reformbewegung bevorzugen Lattenroste. Doch auch hier ist Vorsicht geboten, denn Rost ist nicht gleich Rost. Wer derlei Zeug bei einer nordischen Möbelkaufhauskette ersteht, erhält für billiges Geld einen Bretterwickel, der sich von der Spanplatte kaum unterscheidet.
Quergebänderte, federnde Lattenroste kosten rund das Dreifa-

che. In Werbeanzeigen werden sie oft mit der Zeichnung einer seitlich liegenden Schönheit angepriesen, deren Wirbelsäule geradlinig gepunktet dargestellt ist. Dies wirkt für viele überzeugend.

Wegen meiner ausgeprägten Rechtshändigkeit habe ich während der entscheidenden körperlichen Entwicklungsstufe meine allzuvoll gepackte Schultasche auf dem viel zu langen Schulweg stets rechts getragen. Dieser Unart verdanke ich eine Linkskrümmung meiner Wirbelsäule. Gründliche Selbstbeobachtung läßt mich vermuten, daß ich jeweils ein Drittel meiner Schlafenszeit links oder rechts liegend verbringe; den Rest auf dem Rücken. Trotz blühender Phantasie kann ich mir nicht vorstellen, wie es der federnde Rost, auf dem ich derzeit schlafe, zu Wege bringen soll, meine Wirbelsäule in jeder Lage strichgerade zu halten. Mir ist das auch ziemlich einerlei, denn der Krümmungsgrad der Wirbelsäule und auch die Verschiebewinkel zwischen den einzelnen Wirbeln sind im Schlaf wesentlich kleiner als im aufrecht-wachen Zustand, und diese verschiedenen Verdrehungen spielen sich zudem – wie bereits erwähnt – ohne Gewichtsbelastung ab. Solange ich meinen Muskelpanzer über den ganzen Skelettbereich entspannt halte und einzelne Gelenke nicht widernatürlich verdrehe, hat die Stellung der einzelnen Gelenke für die Schlafqualität keine Bedeutung. Beweis: Auch mit dem schwersten Schuß einer Hexe (Bandscheiben-Vorfall) kann ich in entspannter Krümmung stundenlang schmerzfrei liegen, aber nicht einen Augenblick lang ohne Schmerzen gehen, stehen oder sitzen.

Rechtschaffen müde habe ich bei vielen Bergtouren zwischen steilen Grasbuckeln in krummster Lage immer erholsam gelegen, und mancher Bergfreund hat in ähnlicher Lage bestens geschlafen. Gesunde Wirbelsäulen und Knochengerüste vertragen alle natürlichen Schlafstellungen, bisweilen sogar eine linealgerade Ausrichtung. Krumm oder gerade, Entspannung bleibt die Hauptsache!

Einem ebenso freundlichen wie glaubwürdigen Kunden verdanke ich den Hinweis auf einen längsgebänderten Eschenholzrost, der dem quergebänderten angeblich haushoch überlegen ist. Vielleicht liege ich, während Sie diese Zeilen lesen, schon darauf. Meine unbändige Neugier spricht dafür. Erfolg verspricht der Durchhang, den die langen Federblätter wohl bieten.

Übrigens gibt es auch noch verstellbare Roste. Verändern läßt sich daran nicht die Federkraft, sondern die Neigung des Kopfoder Beinteiles, vielleicht sogar beider Teile um einen gemeinsamen Drehpunkt. Diese Einrichtungen schaffen eine Art Klinikbett, vorteilhaft für Menschen mit eingeschränkter Bewegungsfähigkeit. Der praktische Wert steigt für den Benutzer mit der Einfachheit der Bedienung. Die besten Konstruktionen lassen sich ohne Anstren-

gungen auch vom Liegenden bedienen oder verändern. Doch dies sei nur am Rande bemerkt.

Überflüssiger Schnickschnack wird gelegentlich in Form elektrischer Motormechanik mit Knopfdruckbedienung angeboten. Kranke Menschen versprechen sich davon häufig Vorteile. Sie vergessen aber die Anfälligkeit des gescheiten Körpers für Störungen. Baubiologen warnen eindringlich vor Störungen durch elektromagnetische Felder, die Stromleitungen in Kopfnähe oder auch Radios und netzbetriebene Uhren auf dem Nachttisch auslösen können. Stromleitungen und Motoren innerhalb der Bettgestelle erscheinen aus dieser Sicht problematisch.

Ketzerischerweise möchte ich aber noch mit einem Hinweis auf den Bettenbau von rund 57 Millionen Italienern und 54 Millionen Franzosen zum Nachdenken anregen. Die Angehörigen dieser beiden Nationen schlafen auf trampolinähnlichen

Drahtmatratzen. Die erstaunliche Lebensfreude dieser weichschlafenden Völker gegenüber der Morgenverdrießlichkeit meiner Landsleute gibt mir immer wieder zu denken.

Spätestens jetzt werden Sie erkennen, daß ich das in Deutschland derzeit vielgepriesene harte Bett in Frage stelle. Ich kann mir nicht helfen: ohne einen erklärenden Hinweis, was an einem Nachtlager wo und wie hart sein soll, halte ich dies für einen teutonischen Asketen-Trip. Seit mehr als 20 Jahren höre ich immer wieder Zeitgenossen davon schwärmen. Müßten da nicht längst die Rückenprobleme und Bandscheibenbeschwerden verschwunden sein, gegen die das harte Bett dem Sagen nach so gut sein soll? Nein, es gibt sie überall noch. Und die Zahl der trübe dreinblickenden Morgengesichter hat auch nirgendwo abgenommen.

Der Schlaf auf hartem Boden ohne weiche Unterlage kann zu fürchterlichem Juckreiz führen.

Was dabei juckt sind nicht die sprichwörtlichen „Schlafläuse".

Falls Sie einen Selbstversuch unternehmen, berichten Sie darüber Ihrem Hautarzt. Er wird dann sich und Ihnen den Allergietest ersparen und stattdessen von ähnlichen Juckanfällen bei Soldaten oder Strafgefangenen erzählen.

Grübeln Sie aber nun nicht darüber nach, ob Sie in Zukunft hart oder weich liegen sollen. Probieren geht über studieren! Angenommen, Sie sind mit der Härte oder Weichheit des eigenen Nachtlagers nicht recht zufrieden. Dann sollten Sie nicht zögern, Mitmenschen, von denen Sie etwas halten, nach der Beschaffenheit ihrer Bettstatt auszufragen.
Überlegen Sie sich aber bitte vorher, wie Sie Ihre Frage formulieren. Sonst könnten Sie allzu leicht in diverse Fettnäpfchen treten.
Richten Sie Ihre Neugier auch nicht auf Menschen mit erstrebenswerter Körpergröße oder auf die Ausdruckskraft ihrer

Stimme, Mimik oder Körperhaltung. Vor falscher Vorbilderwahl sei ausdrücklich gewarnt!
Als Meinungsbildner sollten Sie lieber Menschen auswählen, die Ihnen vor allem morgens fröhlich und mit gelassener Heiterkeit gegenübertreten. In aller Regel sind dies Leute, die nie über irgendein Wetter jammern, auch nicht schon montags über das Kantinenessen vom Freitag klagen, jedoch Aufgaben erkennen und ausführen, im Gegensatz zu Ihnen rauchen oder auch nicht rauchen, gelegentlich ein volles Glas heben oder auch nicht heben, aber stets auf dem sprichwörtlichen Boden der Tatsachen stehen. Sollten Sie auf Ihre Fragen nach der Härte der Weichheit der Betten eine für Sie selbst unbefriedigende Antwort erhalten, so dürfen Sie durchaus daraus schließen, daß die Art der Bettauflage für die Lebenseinstellung dieser Menschen keine besondere Bedeutung hat. Genau diese Erkenntnis wäre echter Gewinn!

Die Erfüllung eines menschlichen Lebens, die Spannkraft der Seele hängen keineswegs von der Härte oder der Weichheit des Bettes ab.
Auch wenn es heute üblich ist, die Schuld an der eigenen Lage irgendwelchen Umständen, Ereignissen oder Mitmenschen zuzuschieben, bleiben die alten Weltengesetze wirksam:
jeder ist seines eigenen Glückes Schmied und nicht minder seines eigenen Schlafes hütender Engel. Selbst auf die Gefahr, daß ich von jungen Lesern nicht verstanden werde, möchte ich an den Schluß dieses Kapitels den Satz stellen:
Wie man lebt, so schläft man.

Kaiser und Könige unserer Märchen, nicht zu reden von Königinnen und Prinzessinnen, schlafen ausnahmslos in Betten mit seidenen Überzügen. Dies erklärt sich aus dem Vorrecht dieses Personenkreises, jeweils das Schönste und Kostbarste für sich in Anspruch zu nehmen. Was könnte man sich auch schon besseres als seidene Bettwäsche für diese fabelhaften Wesen vorstellen, die in Schlössern aus weißem Marmor oder Glas hinter den Bergen lebten, aus goldenen Bechern tranken und Brot aus dem Mehl von Sonnenstäubchen aßen? Ob die Märchenfiguren allerdings immer königlich in Seide geschlafen haben, bleibt die Frage. Wenn ich nämlich das Verhalten vieler Haupt- und Nebenfiguren unserer Märchen überlege, komme ich zu dem Ergebnis, daß mancher Müllerssohn oder Handwerksbursche weitaus besser ausgeschlafen an seine Aufgaben heranging als die stolzen Würdenträger, wo immer sie das unerbittliche Märchenschicksal einander gegenüberstellte.

Bei den Müllerssöhnen tippe ich in Sachen Bettwäsche auf mehlsackähnliche Rupfenware mit extra weich gedroschener Strohfüllung, bei den Handwerksburschen eher auf unverhülltes Stroh. Vielleicht läßt Sie der weite Bogen, der sich vom unverhüllten Stroh bis zum märchenköniglichen Seidenbettzeug spannt, die Fülle der Möglichkeiten ahnen, die es gibt, um ein Bett zu überziehen.

Unsere Zeit bietet eine geradezu märchenhafte Vielfalt in Material und Farben. Von Seide über Baumwolle, Leinen und Kunstfaser in allen nur denkbaren Mischungsverhältnissen, von Weiß über alle Spektralfarben des Regenbogens wird uns eine unüberschaubare Wahl zur Qual. Die Überlagerung von Material und Farbe ergibt einen entsetzlichen Wirrwarr, den man wahrscheinlich nur einem Dschungel gleich mit der Machete durchqueren kann. Fangen wir an!

Meinen 12. Geburtstag erlebte ich mitten im Krieg. Es mangelte an allem. Weil ich meinem Kommunion-Anzug endgültig entwachsen war, sollte ich einen richtigen Anzug bekommen. Ich wollte damals noch Förster werden und schlug in bubenhafter Ahnungslosigkeit ein Trachten-Modell vor. Ein gütiges Schicksal ließ meine Mutter tatsächlich irgend etwas Feldgraues auftreiben, welches zertrennt, gereinigt und gebügelt das Ausgangsmaterial abgab. Eine Nachbarin steuerte eine filzähnliche Kellnerschürze für die unerläßlichen grünen Aufschläge bei und mein Vater für die Innenseite des Kragens und für Taschen der Jacke, mit vieldeutigem Lächeln, eine rotgrundige Fahne.

Das Futter schließlich ließ sich der Schneider teuer bezahlen. Er wohnte im vierten Stock eines kolossalen Eckhauses, lebte und arbeitete mit seinem stets unrasierten, erwachsenen Sohn in einem einzigen Zimmer am Ende eines finsteren Ganges. Die Anproben habe ich in gräßlicher Erinnerung. Verständlicherweise sollte ich gerade-

stehen, hatte aber immer eine Hand an der Nase. Grund war der grauenhafte Gestank, der in meine Bubennase stach. Er kam aus der Ecke, in der zwei unbezogene, schmutzigrote Betten standen.

Andere Kinder hätten damals wie heute gefragt, warum die beiden Männer in stinkenden Betten schlafen; ich habe es nicht getan. Aus eigener Erfahrung in unserer Waschküche im Keller – mit dem holzgefeuerten Kessel, der riesengroßen, hölzernen Waschbank, auf der alle Wäsche, auch die Bettwäsche, gebürstet wurde, mit der Reihe der Holzschragen, auf denen Zinkwannen aller Größen standen, in denen die Wäsche eingeweicht, gespült und unzählige Male ausgewrungen werden mußte – fiel es mir leicht, den Grund zu finden, warum die beiden Junggesellen auf pflegeaufwendige Bettwäsche verzichteten. Und weil ich als ein zur Mithilfe im Haushalt schonungslos herangezogenes Einzelkind eben diesen Aufwand kenne, bringe ich für den zeitgemäßen

Wunsch nach pflegeleichter Bettwäsche viel Verständnis auf.

Es gibt nichts erquickenderes als frische Bettwäsche. Viele Jahre meines Arbeitslebens habe ich auf Achse zugebracht und während dieser Zeit öfter in Hotelbetten gelegen als im eigenen Bett. Mehr als die Geschäfte, die ich tagsüber zustande oder auch nicht zustande brachte, haben sich aus dieser Zeit die frischen Betten im Gedächtnis eingeprägt.
Zur Frische gehört, daß die Wäsche bügelglatt aussieht, sich kalt anfühlt, beim ersten Knittern leichte Geräusche macht und frisch, also nach nichts riecht. Daß damit immerhin vier unserer fünf Sinne angesprochen sind, erklärt das Rundumvergnügen, welches sich mit frischer Bettwäsche verbindet. Es wird allerdings nur Menschen mit wachen Sinnen zuteil. Einem Kurzsichtigen wird bügelglatte Bettwäsche kaum schon beim Anblick von weitem außergewöhnliche Freuden bereiten. Ein Mensch, der schlecht hört, wird nichts an dem leisen Rascheln finden, das sich mit dem ersten Knittern verbindet. Wer, wie angeblich ein Italiener, mit Schlafrock, Schal und Schlafmütze ins Bett steigt, kann kaum die Kühle spüren, und schließlich wird eine verätzte Nuchernase auch nicht über eine neutrale Duftnote des Bettzeugs in Verzückung geraten.

Weil sich jedoch mit der Empfindsamkeit wacher Sinne nach aller Lebenserfahrung auch ein gewisses Maß an Empfindlichkeit einstellt, können sich durch den Hautkontakt mit dem Bettzeug für sensible Naturen auch Störgrößen ergeben. Diese gilt es zu beachten!

Milchmann Tefje singt in dem Musical „Der Fiedler auf dem Dach" ein langes Lied darüber, was er täte, wenn er einmal reich wäre. Zu den vielen kleinen Lebensfreuden, die er da besingt, hätte ich ihm als Texter auch noch ‚jeden Tag ein frisches Bett' wünschen lassen.

Mit dem Begriff „Lebenskünstler" verbindet man im allgemeinen die Vorstellung von Menschen, die sich in ihrem Verhalten mehr nach der Gunst des Augenblicks richten als nach bürgerlichen Normen. Und ich bin ganz sicher, daß echte Lebenskünstler die Bettwäsche nicht an festen Wochen- oder Kalendertagen oder in festen Zeitabständen wechseln, sondern so oft wie möglich und zwischendurch noch einmal, wenn sie tags darauf etwas besonderes vorhaben.

So lassen wir also abschließend und bettbezüglich den abgewandelten Werbespruch gelten: **„Öfter mal was Frisches."**

Kaum weniger wichtig als die Häufigkeit des Wechselns erscheint mir die Art des Materials, das man über seine Betten streift. Die Unterlage habe ich am liebsten mit einfachem, weißem Leinen bespannt. Nach Art von Molton-Babywindeln aufgerauhtes Zeug oder Frotteequalität kann ich dagegen gar nicht leiden. Obgleich mit allen Handgriffen rund ums Bettenmachen gut vertraut, vermag ich auch dem selbstspannenden Gummizug nichts Sympathisches abzugewinnen; im Gegenteil! Der Kuddelmuddel, der sich regelmäßig einstellt, wenn solche Laken der Verkaufspackung entnommen sind, stört mich schon, wenn ich nur daran denke – seit ich mich ein erstes Mal mit gegrätschten Armen und Beinen wie ein Rhönradfahrer in eines dieser Dinger spreizen mußte, nur um herauszufinden, in welcher Richtung die längere Achse verläuft.

Mit dem Einwand, das hätte man bequemer durch die Lage des Etiketts feststellen können, haben Sie natürlich recht. Zur

Zeit meines Schlüsselerlebnisses aber ließ ich nicht nur aus meiner Bettwäsche, sondern auch aus allen Oberhemden, ja sogar von den Socken alle jene Aufschriften vorab entfernen, die über die Materialzusammensetzung Auskunft geben. Ich war dem vielen Gerede über angeblich gesunde und ungesunde Stoffqualitäten zum Opfer gefallen und wollte fortan eigenes Empfinden über fremde Vorhersagen stellen. Dieses Verfahren hat sich für mich außergewöhnlich bewährt. So habe ich zum Beispiel Socken, die Fußkribbeln oder kalten Schweiß auslösten, ausgezogen und kräftig verknotet. Dies galt als Hinweis, sie unter keinen Umständen mehr in Umlauf zu halten. Ähnlich lief die Sache mit den Oberhemden. Manches der angeblich so hautsympathischen Hemden aus reiner Baumwolle erwies sich als alles andere, denn luftdurchlässig. Ich verknotete die Ärmel und war es los.

Heute weiß ich, daß bei allen Stoffen, die mit der Haut in Kontakt kommen, nicht allein das Grundmaterial, sondern auch die Verarbeitungsart, also das Weben, Rüsten und Färben eine Rolle spielt. Zugemischte Kunstfaser kann die Haltbarkeit der Stoffe verlängern und noch eine Reihe anderer Eigenschaften verbessern. Die Hautverträglichkeit muß sich dadurch aber nicht automatisch verschlechtern. Wer sich von diesem zeitbedingten Irrglauben löst, macht sich frei – zumindest in der Wahl der Stoffe, die er mit seiner Haut in Berührung kommen läßt.

Ohne Rücksicht auf Etiketten habe ich deshalb auch meine Bettüberzüge zusammengestellt. Deren Grundmaterial, habe ich mir sagen lassen, sei Baumwolle. Der Verarbeitung nach nennt man das eine Kattun, anderes Batist oder Damast. In meinem Schrank stapeln sich davon nicht, wie zu Großmutterszeiten, 12 Garnituren, bei 6wöchigem Wechselrhythmus ausreichend für mindestens drei Generationen, sondern nur genau so viele Teile, daß ein Satz jederzeit zum Wechseln bereitliegt.

Die Anhänger unverfälschter Naturprodukte machen gegenüber allzu kräftiger Einfärbung von Bettwäsche erhebliche Vorbehalte geltend. Das der Textilfaser angelagerte Pigment, behaupten sie, verändere deren physikalische Eigenschaften.

Dämpfiges Kleinklima zwischen Haut und Stoff könne beispielsweise die Folge sein.
Aus meinen Erfahrungen mit Oberhemden kann ich das nicht vollends ausschließen. Meine Neigung, in den theoretischen Chemismus dieser Zusammenhänge vorzudringen, hält sich allerdings in Grenzen. Wer allzuviel weiß, büßt allzuleicht seine Unbefangenheit ein. Diese Einstellung zum Leben schließt ein, daß ich von Zeit zu Zeit Lehrgeld bezahle. Aber die Beträge, die ich für gelegentlich unbrauchbare Socken oder Oberhemden und auch für Bettwäsche, die meinem Naturell nicht voll entsprechen, ausgebe, nehme ich in Kauf. Andere Lehren, die mir das Leben immer wieder erteilt, wiegen ungleich schwerer. Und keinesfalls fühle ich mich schurkisch, wenn ich Dinge, die mir nicht taugen oder die mir nicht mehr gefallen, verschenke. Falls Sie anspruchsvoller denken, können Sie Ihre untaugliche Wäsche auch zu Lumpen zerschneiden. Sie sparen dann immer noch Geld für Putzlappen, ohne die kein Haushalt auskommt.
In Zeitschriften, die naturverbundenes Leben anpreisen, kann man immer wieder hinreißend geschriebene Berichte über Wolle lesen. Als das Haar der Säugetiere sei es das einzig menschengerechte Material für Kleidung – und Bettzeug. In einem einschlägigen Artikel fand ich eine Wollkur angepriesen, einen mehrwöchigen Schlaf in Wolldecken und auf wollenen Kissen, der die Wirkung eines Jungbrunnens haben soll. Als wichtigste Begründung las ich den Hinweis auf die außerordentliche Saugfähigkeit jeder Art Wolle. Schweiß würde sie wie kein anderes Material aufnehmen. Das kann gut sein!

Lassen Sie mich aber anfügen, was ich in dem Artikel vermißt habe: frischer Schweiß auf gewaschener Haut ist in der Regel geruchlos. Eine chemische Veränderung an der Luft setzt anfangs Duftstoffe frei, die besonders zwischen den Geschlechtern anregend wirken. Weiterer chemischer Zerfall von Schweiß auf der Haut, unter dem Kopfhaar, aber auch in Kleidung und Bettzeug, entwickelt Geruchstoffe, die zunehmend unangenehm riechen, schließlich entsetzlich muffeln.

Wer jetzt ans Bett läuft und die Nase in die eigenen Kissen steckt, macht einen Fehler: es muß nämlich eine fremde Nase sein. Leider reagiert der Mensch gegenüber seiner eigenen Duftnote weitgehend empfindungsarm.

Vergessen Sie daher während der Wolldeckenkur und auch sonst nicht die Waschkur für das Bettzeug. Wenn die Samteinfassung der Decken oder auch deren goldgeprägte Lederetiketten Waschwasser nicht vertragen, opfern Sie das Geld für eine chemische Reinigung.

So oder so:

Wer an Bettbezügen spart, ist selber schuld.

Ein Kapitel, das mir von Anfang an am Herzen lag, habe ich dennoch immer wieder aufgeschoben. Sein Thema ist pikant und entsprechend knifflig darzustellen. Es handelt vom Klima unter der Bettdecke, wenn zwei darunter liegen, genauer, von den völlig veränderten Verhältnissen, die sich infolge animalischer Wärme einstellen können.

Sofern Sie es ablehnen, Ihr Bett jemals mit einem anderen Menschen zu teilen, können Sie getrost umblättern. Der Rest meiner Leser aber sollte erfahren, was sich unter dem Einfluß von Hautkontakt bettklimatisch abspielt.

Die Lebensnotwendigkeit körperlicher Entwärmung bleibt auch dann gegeben, wenn zwei unter einer Bettdecke stecken. Nach der ersten, in kalter Jahreszeit eher fröstelnden Annäherung wird allmählich die Hauttemperatur des anderen wahrnehmbar. Sie reduziert nämlich den Temperaturunterschied gegenüber den übrigen Berührungsflächen des Bettes auf Null. Physikalisch bedeutet dies nicht mehr aber auch nicht weniger, als daß in Richtung auf den Bettgenossen keinerlei körperliche Entwärmung stattfinden kann. Die körpereigene Thermoregulation des einzelnen hat sich darauf einzustellen. Abgesehen von gefühlsbedingter Anregung des Blutkreislaufes reagiert das Wärmezentrum im Kleinhirn in gleicher Weise wie etwa bei Wärmeeinstrahlung von einem heißen Ofen oder von der Sonne am Strand.

Als zweite Stufe aktiver Wärmeabgabe versucht der Körper – wie schon erwähnt – zunächst, durch die Haut Wasserdampf zu verdunsten. Dies funktioniert aber nur relativ kurze Zeit, denn der bescheidene Luftraum unter der Bettdecke ist rasch wasserdampfgesättigt. Danach schaltet der Körper automatisch auf Schweißabsonderung durch Schweißdrüsen, speziell im Bereich der von außen kommenden Wärmeeinstrahlung, um; das bedeutet, die Haut wird schweißbedeckt. Zunächst betrifft dieser Zustand nur die Kontaktflächen, schon bald aber alle im gegenseitigen Strahlungsaustausch stehenden Zonen.

Spätestens zu diesem Zeitpunkt hat sich die Körperkerntemperatur bis in die Finger und Zehenspitzen der Schlafgenossen ausgebreitet. Die Komfortregelung, die uns auch im wachen Zustand bei drohendem Anstieg der Kerntemperatur impulsiv veranlaßt, die Krawatte zu lockern, Sakko oder Pullover abzulegen, macht sich auch im Bett ans Werk. Die schon erwähnten Beinstrecker richten Abkühlungsflächen ein, andere schaffen durch zweckentsprechenden Gebrauch der Schichtendecke entwärmungstechnisch Erleichterung. Ob derlei Maßnahmen aber ausreichen, die Schlafruhe der Bettgenossen ohne auffällige Störung aufrechtzuerhalten, hängt weitgehend von der Belastbarkeit des Kreislaufs des einzelnen ab.

Leider ist es um den Wissensaustausch zwischen technisch-wissenschaftlichen Fachrichtungen trotz aller gegenteiligen Beteuerungen in der Praxis nicht weit her. Was Hydrauliker für selbstverständlich halten, haben Mediziner im Laufe ihrer Ausbildung sicher gehört, aber nur wenige befleißigen sich der praktischen Anwendung dieses Wissens.

Beispiel: die Leistungsaufnahme einer Flüssigkeitspumpe verändert sich naturgesetzlich im Quadrat der Fördermenge. Einfach ausgedrückt heißt dies, daß man die vierfache Kraft anwenden muß, um den Förderstrom einer Pumpe zu verdoppeln. Die Gesetze der Physik, und darum handelt es sich in diesem Falle, gelten seit Bestehen der Welt bei Tag und Nacht und demzufolge auch unter der Bettdecke. Kein vernünftiger Mensch kann daran zweifeln.

Bedenken wir nun noch, daß Flüssigkeiten dünnflüssiger werden, wenn wir sie erwärmen, so läßt sich das Ergebnis physikalischer Zusammenhänge unter der Bettdecke wie das des mathematischen Zweimalzwei erkennen: eine bis an die Obergrenze gesteigerte Körperdurchwärmung erhöht in gleicher Weise die Dünnflüssigkeit des Blutes. Gleichzeitig erweitern sich die Gefäße, und der durch den Herzmuskel geförderte Blutstrom steigt ebenfalls auf einen Höchstwert. Anders als ein Elektromotor kann das Herz aber nicht beliebig viel Energie aus einer Anschlußleitung ziehen. Es muß vielmehr vom Blutkreislauf damit versorgt werden.

Der geringste Engpaß in dieser körperlich begrenzten Energieversorgung führt aber zur Krise. Herzklopfen und Unbehagen erzwingen dann eine Änderung der Situation. In der Praxis heißt dies, daß der kreislaufschwächere Bettgenosse zwangsläufig die Flucht ergreift.

Der jeweils zurückbleibende sollte unter allen Umständen dafür Verständnis haben. Daß der andere fliehen kann, muß in jedem Fall als Segen betrachtet werden, denn es dient unbeschadetem Überleben.

Allzu warm eingepackten Säuglingen ist diese Fluchtmöglichkeit begreiflicherweise verwehrt. Nur wenige Zeitgenossen mit Herzschaden wissen, daß sie ihn vielleicht einer übertriebenen Fürsorge ihrer Mutter verdanken, die mit Windeln, Strampelchen und Decken des Guten zuviel getan hat.

Von dieser Randbemerkung zurück zum Verständnis für den Fluchttrieb eines etwaigen Bettgenossen ist es sicher nur ein kleiner Schritt. All denen, die animalische Wärme schätzen, sei geraten, nicht über den zeitweisen Verzicht des anderen zu hadern, sondern sich stattdessen auf das nächste Mal zu freuen.

Auf einem alten Bauernschrank habe ich einmal zwischen der geteilten Jahreszahl 17– 84 den Sinnspruch gelesen: im Glücklichmachen liegt das Glücklichsein. Darauf möchte ich mich mit meinem Schlußsatz berufen, den ich unter ausdrücklicher Beschränkung auf die Bettklimatik im gleichen Versmaß anfüge: **Der Glückliche schläft nicht allein.**

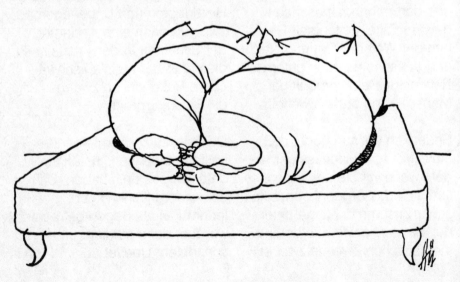

Von Strohsack und Federbett
schon einmal ins Abseits geraten, möchte ich gegen Ende
dieses Büchleins auch noch auf
die Randbedingungen des guten Schlafes kommen.
Lange ehe ich mich dazu ent-
schlossen habe, meine eigenen
Erfahrungen beim Bettenbau
durch Niederschrift anderen zu-
gänglich zu machen, habe ich
mit einer ganzen Reihe von
Leuten darüber gesprochen. Einer der Gesprächspartner war
zu sehr ähnlichen Beobachtungen gekommen. Gleich mir hatte er ein warmes Bett, bevor-
zugte er eine dünne, pumpfreie
Decke und ein geheiztes Schlafzimmer. Gut schlafen konnte er
jedoch trotzdem nicht.

Nichts leichter, als auch dafür
Gründe zu nennen. Wie leicht
oder wie schwer es fällt, daraus
die richtigen Schlüsse zu ziehen, bleibt indessen dahinge-
stellt.
Die Märchenprinzessin auf der
Erbse konnte erst dann wieder
Schlaf finden, als man besagte
Hülsenfrucht unter der sieb-
zehnten Matratze entfernt hatte.

Es widerspräche dem Wesen eines Märchens, würde man die Geschichte wörtlich nehmen und glauben, ein kaum 5 Millimeter dickes Kügelchen hätte durch meterdicke Polster tatsächlich stören können. Als Ursache sollte man viel lieber ein Quentchen Seelenmasse vermuten, das in bezug auf das übrige Seelenleben nicht mehr Gewicht beanspruchte als äußerlich die Erbse im Verhältnis zur darüber aufgetürmten Masse des Bettzeugs.

Es entspricht nun einmal der Eigenart unserer Seelen, daß sie außer auf gewaltige Ereignisse auch auf winzig kleine reagieren. Im körperlichen Bereich verfügen wir durchaus über Fähigkeiten, reizende Ursachen zu erkennen. Früher oder später finden wir das Sandkorn, das im Schuh die Hornhaut durchscheuert. An unseren Seelen werden wir allenfalls die Kratzer gewahr, selten aber, was gekratzt hat. Wohl aus diesem Grunde zerkratzen, zerknittern und belasten wir unsere Seelen vielfach über Gebühr. Es darf

uns aber nicht wundern, wenn es darüber zu unangenehmen Folgen kommt.

Ein gutes Gewissen ist ein sanftes Ruhekissen, sagt der Volksmund. Derlei Weisheiten gründen sich auf jahrtausendelange Erfahrungen. Wer seinem Gewissen Gewalt antut, sollte sich über die Folgen, zum Beispiel Schlaflosigkeit, nicht wundern.

Die Alten wußten aber noch mehr. Vor dem Schlafengehen, vor dem Beginn der Tagesarbeit, vor und nach jeder Mahlzeit legten sie, den Lehren aller menschlichen Kulturen entsprechend, kurze Spannen seelischer Besinnung ein. Viele Zeitgenossen glauben heute, die Empfehlung eines kurzen Gebetes am Abend und am Morgen, vor und nach den Mahlzeiten, sei nichts weiter als der Versuch der Religionsgemeinschaften, ihre Untertanen mit Zucht und Ordnung zu belegen. Stattdessen stellen derlei Übungen das Ergebnis menschheitsalter Lebenserfahrung dar, die keinen anderen Zweck verfolgt, als seelische Spannungen zu lösen. Ob man sich dabei, wie des Autors Fynn liebenswerte Romanfigur, die kleine Anna, mit dem Ausruf „Hallo Mister Gott, hier spricht Anna..." über einen gedachten Telefondraht an einen persönlichen Gott wendet oder sich nur einen Augenblick lang gedanklich auf den Anfang oder den Abschluß eines Vorhabens einstellt, bleibt Nebensache. Es kommt aber entscheidend auf die Einsicht an, daß eines jeden Menschen Seele gleichsam dieser Glättung bedarf.

Wer weiß, vielleicht ist dies sogar derjenige Bereich, in dem der Mensch ausnahmsweise ungestraft zu sich selbst gut sein darf. Nur der Tor schont sich körperlich und – sei es nur, daß er die Augen gegenüber seiner Umwelt verschließt – auch seelisch. Der Weise hat keine Angst vor jedweder Mühe. Er stärkt seine Seele dazu, indem er ihr immer wieder gut zuredet.

Haben Sie also keine Scheu, sich derlei Rituale anzugewöh-

nen. Beenden Sie jeden Tag mit einem kurzen Rückblick, und beginnen Sie die Nachtruhe wenigstens mit dem seelenberuhigenden Vorsatz „jetzt schlafe ich".

Nach kurzer Übung werden sie feststellen:
Seelenruhe ersetzt röhrchenweise Schlaftabletten.

In den kurzen, angeblich aktuellen Nachrichten, mit denen Zeitschriftenredakteure die Spalten neben den Anzeigen füllen, liest man immer wieder, wie lange ein Mensch in den verschiedenen Abschnitten seines Lebens täglich zu schlafen habe. Ein amerikanischer Wissenschaftler oder besser noch, eine ganze Gruppe davon, heißt es in schöner Regelmäßigkeit, habe wieder einmal festgestellt, daß ein älterer Mensch mit weniger Schlaf auskomme als ein jüngerer. Darüber hinaus sei es sogar gelungen, die durchschnittlich notwendigen Schlafzeiten exakt zu ermitteln . . .! Danach folgt mit schwarz auf weiß gedruckten Zahlen auch gleich der Unfug.

Unglaublich viele Menschen reagieren in bezug auf die eigene vermeintliche Gesundheit nämlich übervorsichtig. Nur zu gern halten sie sich an Ratschläge, die in den Zeitschriften unter der Überschrift „Der Hausarzt rät" stehen. Sie tun das um so lieber, wenn es um angeblich kleine Kontrollen geht, und was wäre schon leichter als darauf zu achten, ob man sich auch die erforderliche Schlafration gönnt. Anstatt dann die nächtliche Ruhezeit zu werten, wird peinlich darüber gewacht, wann und wie lange man nachts schläft oder nicht schläft. Diese Zeiten werden zusammen mit einigen Angstzuschlägen von der Ruhezeit abgezogen, so daß gegenüber den Sollwerten aus der Zeitung mitunter ein beachtliches Defizit erkennbar wird. Die Angst davor raubt weiteren Schlaf. Dies umso mehr, wenn die schlafraubende Selbstkontrolle auch noch im Bett fortgesetzt wird. Kümmern Sie sich also nicht darum!

Die Ergebnisse jüngster Schlafforschung sind für den Verständigen interessant, nichts weiter. Der Traumforschung gelingt es, immer mehr Geheimnisse zu lüften. Vieles davon mutet märchenhaft an. Leider gibt es wieder aus dem Zusammenhang der Berichte gerissene Schlagzeilen: ohne Träume stirbt der Mensch in zwei bis drei Monaten! – Das mag sein. Wenn es aber im Wesen des Träumens

liegt, daß fast alles am Morgen vergessen ist, besteht erhebliche Gefahr: ängstliche Menschen könnten scheinbare Traumlosigkeit geradezu als Todesurteil des Schicksals auffassen. –
Betrachten wir die Traumwissenschaften besser von der anderen Seite. Auch wenn wir es mangels Erinnerung nicht für möglich halten, träumen wir jede Nacht ausreichend viel und lang; gut, daß wir es vergessen.

Im Traum wird das wache Erleben „aufbereitet"! Würden wir aber auch das Traumgeschehen am Tage durcharbeiten, hätte weder das Träumen noch das Wachen einen Sinn. Da würde sich die Katze in den Schwanz beißen, wie man sagt.
Für Leichtschläfer, die sich zu Gutschläfern machen wollen, ist Ängstlichkeit ein ungeeignetes Mittel. Für diese Gruppe wäre es weitaus nützlicher zu denken:
„Der Mensch braucht keinesfalls jede Nacht zu schlafen, noch viel weniger jede Nacht eine ganz bestimmte Zeit".

Denn weder um den Einschlafzeitpunkt noch über die Schlafdauer und Schlaftiefe, noch über den Augenblick des Aufwachens brauchen wir uns Gedanken zu machen. Die Steuerung dieser Vorgänge und die Kontrolle darüber ist unserem Organismus mit der Aussicht auf größtmögliche Überlebensfähigkeit angeboren. Auf dieses angeborene Programm einzuwirken, wäre nicht weniger sinnlos, als etwa den unwillkürlichen Wimpernschlag verändern zu wollen.

Wer müde ist, soll ins Bett gehen. Fehlt ihm dazu die Möglichkeit, schadet es auch nicht. Er wird dann eben noch etwas müder und anschließend alle Müdigkeit durch entsprechend tiefen Schlaf ausgleichen.

Wer zu Bett geht, kümmere sich nicht ums Einschlafen. Wichtig bleibt allein, die Gedanken ruhigzustellen, an nichts mehr zu denken, an rein gar nichts. Nicht zählen! Kein Gedanke ans Auto, an den Betrieb, den Urlaub, nichts dergleichen! Erlaubt ist allenfalls ein stilles Lächeln, aber auch nur zur Entspannung der Gesichtsmuskulatur. Eine leichte Schaukelbewegung, die den ganzen Körper erfaßt, zeigt an, ob irgendwelche Muskelpartien angespannt sind. Falls ja: entspannen! Entspannen heißt locker lassen, Arme und Beine schwer werden lassen. Mit großer Wahrscheinlichkeit wird man aus einer derartigen Entspannungsübung schon nach wenigen Minuten in den Schlaf sinken.

Wer irgendwann danach wieder aufwacht, braucht sich darüber nicht zu grämen. Auch das ist natürlich. In diesem Augenblick läßt sich das Gefühl der Schwere in den Gliedern und die Annehmlichkeit des eben beendeten Schlafes bestätigen mit einem tiefen Atemzug, an dessen Ende man ein langgezogenes, nur andeutungsweise gedachtes „schöööön!" hängt. Daraufhin wird es mit oder ohne Deckenkorrektur, auf der gleichen oder auf der anderen Körperseite mit einem gesunden Schlaf weitergehen.

Falsch machen es alle, die sich zunächst einmal über die Schlafunterbrechung, dann über die Uhrzeit oder den Wochentag, über das Wetter, über das Auto, den Nachbarn und über was sonst noch alles Sorgen machen. Zu allererst bringen sie sich damit um die Chance weiteren Schlafes. Und völlig aussichtslos bleibt der Versuch, im Zustand des Halbschlafes und auch noch liegend einen vernünftigen Gedanken zu denken.

Es mag zwar hundert Versuche geben, eine Angelegenheit durchzudenken. Diese führen aber nur zu einer unkontrollierten Ausuferung, niemals zu dem gewünschten logischen Ende. Grübeleien im Halbschlaf bedeuten vertane Lebensenergie. Lassen Sie sich nicht darauf ein! Schon den Ansatz zum ersten gedachten Satz schieben Sie beiseite mit einem stillen „Jetzt nicht"!

Für den Fall, daß Ihnen ab und zu etwas wirklich Wichtiges gleichsam im Traum zufällt, das Sie nicht vergessen dürfen, legen Sie dafür Zettel und Stift bereit. Notieren heißt, für den Rest der Schlafenszeit vergessen zu können.

Immer wenn Sie nicht gleich wieder einschlafen, bleiben Sie ruhig liegen. Genießen Sie diese Ruhe! So lange Sie nichts denken, erholt sich Ihr Körper nahezu im gleichen Maße wie im Schlaf. Wer in der Lage ist, entspannt zu liegen, kann auf Schlaf getrost verzichten. Das Wichtigste bleibt in jedem Fall die eigene, unverkrampfte Einstellung zum Schlaf.

Manchen Menschen fehlt es nicht daran, und trotzdem schaffen sie sich Probleme durch ein gestörtes Verhältnis zum Aufwachen. Sie zerhacken sich beispielsweise ihr eigenes Schlafprogramm durch unnütze Befürchtungen, sie könnten nicht rechtzeitig wach werden, den Wecker nicht hören, die S-Bahn, den Zug oder sonst etwas verpassen. Die Folge ist ein wiederholtes Erwachen zur Kontrolle der Uhrzeit. Oh je – erst eins, schon drei, erst vier –

um Gottes Willen acht! Der Zug ist um sieben Uhr abgefahren. Ziemlich ungeschickt, sich auf diese Weise selbst um den Schlaf zu bringen.

Der Gedanke an den nächsten Morgen ist an sich nichts Unrechtes, aber er darf nicht schon das Schlafprogramm durcheinanderbringen. Ein bescheidenes, ohne weitere phantasievolle Ausschmückungen gedachtes „Das wird ein schöner Morgen!" sollte genügen. Ein fortgeschrittener Gesundschläfer würde allenfalls noch anhängen „aber erst werde ich einmal schön schlafen...". Genau dies würde daraufhin auch geschehen. In einem gemütlichen Bettkasten, auf der richtigen Unterlage, mit dem passenden Bettzeug in freundlichen Überzügen lernen Sie, Ihren Körper schlafen zu lassen, wann immer er es braucht. Weil Sie sich daraufhin schnell zum Lebenskünstler entwickeln, werden Sie in einem vollendet wachen Leben fähig sein, immer dann zu schlafen,

wann Sie wollen. Mag sein, daß
es Rückschläge gibt. Dann lassen Sie nicht locker in Ihrem
Bemühen. Die Mühe lohnt sich,
denn:
Gut schläft sich's am besten!

Schrifttum

(1) Alfred Eisenschink, Falsch geheizt ist halb gestorben, Rat und Gesundheit für Millionen.
Technischer Verlag Resch KG, 8032 Gräfelfing, 1983, 4. erweiterte Auflage, S. 69 ff

(2) Robert Endrös, Die Strahlung der Erde und ihre Wirkung auf das Leben.
Paffrath-Druck KG, Abt. Verlag, 5630 Remscheid, 1978, 1. Auflage

(3) Candi, Radiästhetische Studien, Briefe an Tschü.
Verlag RGS, CH-9004 St. Gallen, 1970, 5. Auflage

(4) Joseph Seiler, 1x Pater – 1000x Pendler.
dipa-Verlag, 6000 Frankfurt a.M., 1972, 2. Auflage

(5) Dr. med. Hans Würthner, Die Macht der Entspannung.
Hyperion-Verlag, Freiburg, 1955

(6) Gerhard Leibold, Autogenes Training.
TB 150, Hallwag AG, Bern, 1981

(7) H. Hensel, Physiologische Temperaturregelung und künstl. Klima, Zeitschrift Heizung, Lüftung, Haustechnik 9–7, S. 170–176 (1958)

(8) Jürgen Aschoff, Hauttemperatur und Hautdurchblutung im Dienste der Temperaturregulation.
Klinische Wochenschrift 36–5, S. 194, 1958

(9) Alfred Eisenschink, Der Heizratgeber, So heizen und sparen Sie richtig.
Technischer Verlag Resch KG, 8032 Gräfelfing, 1983, 2. Auflage, S. 12